U0139853

"引人入胜，构思巧妙，循循善诱，《3分钟哲学：一本关于伟大想法的小书》好似浓缩了关于人生、思维和世界的五花八门的试吃菜单。每一篇充实而精炼的文章都会激发人们深入探究其哲学思想的欲望。"

大卫·米切尔，《云图》《骨钟》作者

"构思巧妙、别具匠心。如果这本书也无法点燃您对哲学的热情，那么您可能找不到可堪此任的书了。"

朱利安·巴吉尼，皇家哲学研究所学术总监

"每则短篇都将一种哲学思想生动完整地呈现给读者。我想象不出另一种方式能让我如此兴趣盎然地思考这些人生课题。"

奥利弗·伯克曼，《四千周》作者

"生动诙谐、融会贯通，这是一本能激发哲学热情的浓缩版指南。"

埃莉诺·戈登－史密斯，
伦理学家、《没有逻辑的故事》作者

"一本乐趣无穷、妙语连珠、发人深省的胶囊版哲学思想百科全书。从亚里士多德到艾伦·图灵，引发了我们对自我的本质、世界观和自欺欺人的错觉的思考。一场给人极致享受的哲学盛宴。"

米克·布朗，《灵魂旅行者》作者

3分钟哲学

一本关于伟大想法的小书

［英］乔尼·汤姆森 著 申晨 译

Jonny Thomson

湖南文艺出版社
HUNAN LITERATURE AND ART PUBLISHING HOUSE

博集天卷
CS-BOOKY

Text and illustrations copyright © 2021 Jonny Thomson

© 中南博集天卷文化传媒有限公司。本书版权受法律保护。未经权利人许可，任何人不得以任何方式使用本书包括正文、插图、封面、版式等任何部分内容，违者将受到法律制裁。

著作权合同登记号：图字 18–2022–244

图书在版编目（CIP）数据

3 分钟哲学：一本关于伟大想法的小书 /（英）乔尼·汤姆森著；申晨译 . -- 长沙：湖南文艺出版社，2023.4

书名原文：Mini Philosophy: A Small Book of Big Ideas

ISBN 978-7-5726-0055-5

Ⅰ . ① 3… Ⅱ . ①乔… ②申… Ⅲ . ①哲学—通俗读物 Ⅳ . ① B–49

中国国家版本馆 CIP 数据核字（2023）第 026656 号

上架建议：畅销·哲学

3 FENZHONG ZHEXUE: YI BEN GUANYU WEIDA XIANGFA DE XIAO SHU
3 分钟哲学：一本关于伟大想法的小书

著　　者：［英］乔尼·汤姆森
译　　者：申　晨
出 版 人：陈新文
责任编辑：匡杨乐
监　　制：于向勇
策划编辑：周海璐　陈晓梦
文案编辑：刘　盼　赵　静
营销编辑：黄璐璐　时宇飞
版权支持：王媛媛　姚珊珊
装帧设计：潘雪琴
内文排版：麦莫瑞
出　　版：湖南文艺出版社
　　　　　（长沙市雨花区东二环一段 508 号　邮编：410014）
网　　址：www.hnwy.net
印　　刷：北京中科印刷有限公司
经　　销：新华书店
开　　本：775 mm × 1120 mm　1/32
字　　数：240 千字
印　　张：13.75
版　　次：2023 年 4 月第 1 版
印　　次：2023 年 4 月第 1 次印刷
书　　号：ISBN 978-7-5726-0055-5
定　　价：58.00 元

若有质量问题，请致电质量监督电话：010-59096394
团购电话：010-59320018

献给塔尼娅和弗雷迪，
以及我喜欢的哲学家们

目录
Contents

1

存在主义

艺术

宗教和形而上学

文学和语言

科学和心理学

日常生活中的哲学

知识和思想

政治和经济

前言
Introduction

　　哲学有时候会有一种让人望而却步的气质。我不知道这是否因为哲学家经常用"谬论"来表示"错误"——明明后者更通俗易懂，或他们的言语中时常夹杂一些古希腊的词汇。不过，哲学本不应如此，这便是我撰写本书的原因。

　　哲学应具有现实相关性、实用性，还有可阅读性和易理解性。不过，重中之重则是能使人乐在其中。

　　在本书里，我将以通俗的语言解析哲学思想，力求引发读者的共鸣。我无法保证自己能避开所有烦冗、复杂甚至令人费解杜撰出的词汇。不过，我将努力让你在掩卷之后能够理解本书之意。这本书适合曾经听说过诸如柏拉图、笛卡儿（或称笛卡尔）和波伏瓦这些伟大人物并且对其思想略有涉猎的读者，也适合有意深入研究结构主义、现象学或存在主义，却畏惧啃读那些艰深晦涩的大部头的读者。我希望能把哲学从高不可攀的象牙塔中带回到身边的客厅、咖啡馆或上下班途中。

无论在哪个行业内，人们热衷于某样事物的时候，往往不愿将其解释得浅显易懂。仿佛那是对其贬损或亵渎的行为。但是，有时候我们需要一个起点或切入点。本书试图将哲人的思想逐一陈列出来，进而催生出读者更深入地阅读哲学类书籍的兴趣。各位读者大可将此视为探索哲学世界的地图。

我深信每个人都能提出哲学层面的疑问，每个人都可以成为哲学家。不过，在起步阶段，我们或许还是需要历史上那些伟大的思想来指引方向。

伦理
Ethics

无论何时，你都会面临种种"伦理"上的抉择。

你的一举一动都会或多或少地对他人造成伦理上的影响。

伦理包括与偷窃、杀戮、欺骗、救助、关爱有关的是与非。

同时，伦理与你的性格有关，

如勇敢、忠诚、诚实、爱与美德。

伦理指的是行为的对错，以及人心的善恶。

柏拉图
关于"隐身"

假想你正在散步，遇到了一位牙齿零落、瘦小干瘪的老太婆。她送给你一件小巧而神奇的礼物：一枚魔法戒指。这枚戒指能使人隐身。戴上它，你去任何地方都可以完全不被肉眼或设备察觉。问题是，你会利用这枚戒指做什么？

这个被称作"裘格斯戒指"[1]的思想实验最初见于柏拉图最著名的作品《理想国》（创作于公元前375年前

---

[1]在柏拉图的《理想国》中，传说吕底亚国的国王偶然得知自己的臣子裘格斯有一枚能使人隐身的魔力戒指。为了得到这枚戒指，国王竟允许裘格斯从门缝里偷窥自己那貌美却不得抛头露面的王妃。裘格斯被王妃的美貌吸引，深深地爱上了她。而王妃得知丈夫竟以自己的美貌来做交易，开始怀疑丈夫对自己的爱。后来，裘格斯利用戒指诱惑王妃，弑君篡位。——译者注

后）中，用于挑战"世上存在先天的'公正公民'"这一观点。柏拉图的老师苏格拉底曾宣称，正义不应仅仅停留于权贵的口中，也绝不应是利己之徒的托词。在书中，格劳孔[1]则不以为然，他借"裘格斯戒指"这个思想实验对苏格拉底的观点进行了驳斥。

格劳孔推测道，只要戴上这枚戒指，任何人都会利用它谋取私利。一旦人获得了这枚戒指的力量，正义、道德、法律和尊严都会被置之脑后。柏拉图（以格劳孔的口吻）写道："想象一下，如果有人拥有隐身的能力，却没有图谋不轨之事或染指他人之物，那么别人一定会认为他是一个……最可悲的白痴。"

问一问你的朋友会做什么，抑或扪心自问，答案可能是很有趣、很古怪的，也可能让你心生不安。在你的内心深处，你真的会偷鸡摸狗、非法入侵、攻击他人……或者做一些不可告人的坏事吗？大多数人或许不愿承认，但是很多人必然心生幻想，甚至蠢蠢欲动。

"裘格斯戒指"反映的不是权力使人堕落，而是权力揭示了我们的本性。我们每个人的内心都潜伏着一位"小

---

[1]柏拉图的兄弟。——译者注

暴君"。社会的评判、篱笆那边邻居的注视都会迫使我们表现得举止得体。他人的看法是我们保持良好形象的唯一约束力。

如果格劳孔的思维实验成立，这会使我们以截然不同的角度去看待政客、领袖和资本家。社会各方面需要相互制衡或者某些职权机构的约束。维护正义需要始终如一的强制性和透明化。或许，国家机密、商业诡计和政治谎言都是现代社会中真实存在的"裘格斯戒指"？

边沁
关于"道德的计算"

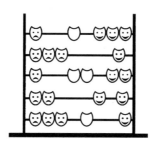

假使有一种可以判断出正确行为的办法，你会怎么做？如果有一种简单的工具能指导你在不同情境下如何处世，这是不是妙极了？

这正是18世纪的英国哲学家杰里米·边沁试图通过其"快乐计算"实现的结果。

边沁创立了道德规范（即关于我们行为举止的对错）伦理学，也称功利主义哲学思想。这一思想的核心为：行为对错的判断应基于行为所引发的结果。具体来说，如果某个行为产生了更实用的效果或者带来了更多的快乐，那么这个行为就是善行；如果某个行为带来的只有不幸与痛苦，那么这个行为就是恶行。用边沁的话来说，就是"大多数人的最大幸福就是衡量一个行为是善行还是恶行的标准"。

依照边沁的观点，罗宾汉所做的事情是正义的，而布奇·卡西迪[1]的所作所为则是不道德的（或称恶行）；第二次世界大战对同盟国来说是正义的（或称善行），成吉思汗的行为对被侵扰地区来说是非正义的（或称恶行）。简而言之，道德即幸福最大化和痛苦最小化。那么，我们留意一下自己的行为吧。

可是，这么做存在一个比较大的疑问：我们怎样确定自身的行为带来的最终结果是积极的还是消极的呢？边沁的答案是：通过快乐计算！

边沁认为我们应该根据七条准则，计算某个行为带来的快乐与痛苦的总和。这些准则分别是：强度、持久性、确定性或不确定性（即快乐与痛苦发生的概率）、迫切程度（即发生的时间）、继生性（产生更幸福结果的概

---

[1]电影《虎豹小霸王》中的人物。电影根据真人真事改编，主要讲述了在美国西部的一个小镇上，劫匪头目布奇·卡西迪、圣丹斯小子组成了一个名为"虎豹小霸王"的团队，两人在多次抢劫邮车之后被警方通缉，因而走上逃亡之路。——译者注

率）、纯度（导致更痛苦结果的概率）、广度（即快乐或痛苦扩展所及的人数或受苦乐所影响的人数的多少）。

我们把每一项的数值都写下来，相加，得出总和，这样就搞定啦！你现在就知道该何去何从了。这样做是不是简单直接？这是属于数学时代的道德：理性的伦理学。烦恼烟消云散啦！

但愿你能在一两个小时内得出答案。

亚里士多德
关于"中庸之道"

我们都希望能在正确的时间做正确的事。我们都希望自己是正直的。但是，在不同情况下，我们该如何判断哪些做法是正确的呢？如果我希望表现得勇敢无畏，那么我如何确保自己不冲动、鲁莽呢？如果我想行事彬彬有礼，那么我怎样避免显得沉默寡言呢？自信满满在什么情况下会变成目中无人？慷慨大方在什么情况下会变成纡尊降贵？

柏拉图的学生亚里士多德在其著作《尼各马可伦理学》中针对这类问题展开了讨论，他将其解决方案称为"中庸之道"。

亚里士多德认为符合道义的行为或者正确的事，都可视为正直之举。我们通过实践、重复和效仿他人可以将自己训练得合乎任何一种美德。想要表现得善良吗？那就经常做善事吧！想要成为宽容的人吗？请模仿一位相识的有雅量之人。只要做到了，你就成了那样的人。他最著名的言论就是："我们不断重复的行为造就了我们。那时你将顿悟，美德不是一个行为，而是一种习惯。"

但是，在任何情况下都知道什么样的行为是正义的并非易事。每一个符合道德的决定和选择都是独一无二的。在某种情况下的勇敢，在另一种情况下可能被视为懦弱。今日的诚实是善举，明天可能就变成伤害。那么，我们究竟该如何自处呢？

亚里士多德认为好的行为是处于两个极端之间的"中庸"行为。高尚的举动介于两种不良行为之间：一边是过度，一边是不足。勇敢介于鲁莽与懦弱之间。礼貌介于沉默与胡言之间。慷慨既不是吝啬也不是挥霍。正如古希腊诗人赫西奥德[1]所言："中庸存于万物之中。"

不过，获得这种能够施行"中庸之道"的能力并非易事，需要不断地实践，从经验中总结智慧。对此，亚里士

---

[1]赫西奥德（公元前8世纪末—公元前7世纪初），代表作是《工作与时日》《神谱》。——译者注

多德称为"实践智慧"。当我们处世练达，不断地践行美德，我们很快就会让自己训练出这种"实践智慧"，如同在健身房里锻炼出肌肉。通过"实践智慧"，我们便有了领悟中庸之道的直觉。我们会成为完美的有道德的公民，我们每时每刻都能知晓该如何行事。或许，有一天我们的后辈还将因模仿我们而变得一样完美无瑕。

康德
"要是大家都这么做会怎样？"

要是世界上每个人的言行举止都与你相仿会怎样？那会造就一个美好而幸福的世界，还是一个令人厌恶的世界呢？要是你所做的每一件小事都成了全人类的法则会怎样呢？那样会对你的行为产生怎样的影响？

这就要谈到18世纪德国哲学家伊曼努尔·康德提出的哲学概念"绝对命令"中第一个公式背后的思想。

康德曾写道："有两样东西让我心生敬畏，即星罗棋布的夜空和我内心的道德准则。"在他看来，我们每个人的内心深处都存在绝对的道德准则，我们都有能力并且有义务将其发掘出来。这样的道德准则只能通过我们奇妙的人类理性思考得出。因此，想要获得道德准则，就需要借助理性（这与我们的热情和"直觉"相对立）。

康德认为理性有助于我们分辨出赖以生存的"箴言"（仅指代道德标准或者行为准则）。无论在什么情况下，我们都有可供选择的箴言，而作为道德实践者的我们必须抉择出要遵循哪一条"箴言"。正因为妥善地利用了理性，我们才能在这些道德选择中辨认出应该成为"命令"（即我们务必要做的事）或责任的选项。

有三个方法（康德将其称为"公式"）可以帮我们做到这一点，其中最广为人知的就是第一个方法，即遵循可普遍化原则。好吧，这个方法当然不如电影《欢乐满人间》[1]的歌曲那么脍炙人口。简而言之，这则公式就是让我们去想象"要是别人都这么做会怎样？"，全世界摇着手指（表示否定）教育子女的父母都会这么说。

以"想说谎就说吧"这句话为例。现在，如果每个人都这么做，说谎这种行为就成了日常生活的一部分，真假也变得毫无意义。这样一来，说谎（即刻意不说真相）这

---

[1]迪士尼出品的歌舞片，于1964年8月27日在美国上映。《欢乐满人间》根据英国的同名小说改编，是迪士尼改编得极为成功的歌舞片，其中的歌曲为大家经久传唱。——译者注

种行为也就不存在了。因而,这句话也就不攻自破了。又比如,如果每个人都不遵守隔离的规定,隔离这一规定很明显就会灰飞烟灭。类似的例子也适用于通奸或者盗窃。

这些论调在变成普遍的准则时,就会自我瓦解。因此,诚实和遵守隔离规定是我们务必要做的事。(这些可以自我瓦解的逻辑类型就是康德所说的我们的绝对义务。)

当然,康德还有两种其他类型的论调,都是非绝对义务。它们之所以是非绝对的,是因为评判它们不仅需要理性,还需要我们的好恶和欲望。这两种非绝对义务就是自我提升和帮助他人。从逻辑上来思考,"永远不帮助他们"这一想法并不会自我瓦解,但是如果每个人都这么做,这个世界将会变得极度冷漠无情。

"绝对的(categorical)"一词意为"行为的目的就是行为本身",比如跑步健身源于完全享受这个行为。因此,我们现在可以理解"绝对命令(categorical imperative)"表达的含义。

下次你再遇到道德困境的时候,就用康德的这个简单工具吧。放慢脚步,理性地思考一下:"要是大家都这么做会怎样?"

兰德

关于"利己主义"

假设你无法在社交媒体上分享做过的善事，那行善举的意义是什么？要是没有人会因为你做的善事而表扬你，你为什么要这么做呢？如果你想做好事，就要确保你被他人看见！

欢迎来到安·兰德的"合理利己主义"（或称"理性利己主义"）的世界。希望你能从中获得快乐，并且（只）为自己着想就好。

出生于20世纪俄国的兰德认为人类为自己着想是一件理性又天经地义的事情。对每一种关系、行为和欲望的判断都应该以其对个人的有益程度为依据。一件事情越能满足你理性界定的自我利益，你就越有动力去完成。

你给慈善机构捐款，是因为这种行为会让你在朋友的面前有伟岸的形象。你帮助邻居修理栅栏，是因为你需要他在下次狂风过境之后也来帮助你。你选择结婚，是因为婚姻会为你带来安全感、幸福或期盼的子女。透过合理利己主义的滤镜，你就可以从一个行为会给你带来什么益处这个角度去解释每个行为。

如果一些行为会对你产生不利的影响，而你依然这样做了，那么这些行为就是完全非理性的行为。兰德认为，牺牲自己生命的行为永远是不合理的，除非你有自杀倾向。简而言之，万事万物都可以从功利的角度去分析，即分析万事万物于你有何益处。在兰德的世界里，人与人之间的每个互动都如合同双方试图使理性的自我利益最大化一般（当然，这要以双方都获益为前提）。

人们对兰德褒贬不一，甚至对她的观点进行曲解或偷换概念。例如，她承认你在帮助一只受伤的狗或者一个需要帮助的人时，如果内心没有感受到一丝道德冲动，那么你一定存在"精神问题"。但是，她认为那源自一种广义的"善有善报"的想法。大家经常互相帮助，这样显然对我们都有好处。这简直就是一种因果报应的利己主义（与伊壁鸠鲁的观点类似，详见第314~316页）。

如果有人要求你以某种方式牺牲自己，或者放弃特定的恩惠与利益，那么问问他们原因。把自己放在第二位还有理性可言吗？怎么可能存在一种伤害自身的智慧呢？

孔德
关于"利他主义"

假设你正在家中过圣诞节，大家都聚在另一个房间看电视，而你四处翻找零食，这时你发现了一盒打开过的精美巧克力，只剩下最后一块了。这是你的最爱。不过，这也是大家的最爱。这时，你的大脑变成了利己主义和利他主义思想交锋的战场。到底哪一方会获胜呢？你会吃掉那块巧克力吗？

"altruism（利他主义）"这一词的创造者——法国的哲学家奥古斯特·孔德认为，你必须坚定地说服自己抑制住内心的利己主义冲动。利他主义是能够获胜的，不过这需要我们长期训练，以强化这一想法。

孔德自诩洞悉人性，他的诸多言论同样基于后来所说的"进化心理学"[1]（尽管他于1857年，也就是达尔文发表《物种起源》的两年前逝世）。孔德认为我们内心都被强烈的"情感力量"驱使，这种力量绝大多数是自私自利的，而且关爱自身和为自己谋利是我们的本性。

但是，他认为我们不是人性的奴隶，我们行为的驱动力也并非一成不变、命中注定的。我们都拥有令人难以置信的天赋，能够超越甚至摆脱这种遗传宿命论。这也是我们内心仿佛存在两种力量激烈较量的原因——一种力量是我们的"本性"，也可称为"个人主义"，而另一种力量是"集体主义"，也可以仅理解为相互照顾。这是一场"我"与"我们"之间的较量。

为了在较量中取胜，我们可以磨炼自己，以克服人性中的利己主义，更多地"为他人着想"。其实，我们已经在生活的细微之处做到了这一点。例如，我们大多数人都曾为别人开门。这一行为对我们没有任何好处，是单纯的助人之举。而且，对大多数人来说，这种行为已经成了一

---

[1]发端于20世纪80年代。进化心理学认为，人类的心理就是一整套处理信息的装置，这些装置是经自然选择形成的，其目的是处理我们祖先在狩猎等生存活动中所遇到的适应性问题。——译者注

种下意识的习惯。利他主义通过这种方式编写进了我们的大脑，并且还能进入更高的层次。

对孔德来说，这一切并非微不足道的小事。这一切关乎我们所有人的幸福和生活的"安定"。那些"只爱自己"的利己主义者注定成为"不可控的存在"。换言之，他们的欲望是无穷尽的（一百年之后，叔本华也发表了同样的感慨，详见第64～65页）。真正的满足感是通过摒弃贪得无厌和唯利是图，完全地为某人或某件事物而活才能获得的。我们会因为将同情心投射到这个世界而变得完美。

那么，在你纠结于要不要吃掉那块巧克力的时候，请忠于更高级的人性。你的每一种本能都在催促自己赶快吃掉它，但你可以做得更好。你不是一台生物机器，不受控于竭力谋利的程序。利他主义让我们凌驾于这台机器之上，赐予我们更长远的幸福。

阿伯拉尔
关于"最佳意图"

有两个人站在了法庭上。第一个人曾经因开玩笑而胡乱开了一枪。子弹击中一栋大楼后反弹回来，杀死了她的朋友。第二个人的罪名是尾随前女友回家，然后枪击了她。他的目的是置她于死地，但是失手了，因此他否认了整个计划。那么，谁应该接受更严厉的惩罚呢？第一个人会因为这桩飞来横祸被判终身监禁吗？第二个人会因为他的"道德运气"[1]而只受到轻微的处罚吗？

---

[1]20世纪70年代以来道德哲学讨论的热点问题，指行为者的道德行为受到运气的影响，具有不确定性。人们围绕"道德运气"，主要讨论了两大类问题：一、道德评价（无论是对于行动者的还是对于事态的）取决于动机还是后果。如果某些道德评价取决于后果，并且后果取决于运气，那么道德将取决于运气。二、行为者的道德行为受到运气的影响，具有不确定性。——译者注

这就是12世纪的哲学家诗人彼得·阿伯拉尔所探究的问题。

在阿伯拉尔写作的时代，教会——当时社会中普遍存在的权威的道德中心——认为所有的行为都只有对和错之分。乱伦、偷窃和亵渎神明等行为永远是错误的，无论行为的发出者的意图是什么，或者是否预见到这样的后果。

阿伯拉尔认为这样判断行为是荒唐可笑的。相反，他认为一个行为的道德价值完全取决于行为的发出者原本的意图。他举出一个例子，一对自出生就分居两地的兄妹。很多年过去了，他们相遇并相爱，对彼此的血缘关系全然不知。在阿伯拉尔看来，这两个人是无罪的。对教会而言，他们却是罪孽深重的。

虽然这种看法在现在看来是稀松平常的，但是在阿伯拉尔的时代，他如同一位革命者。他甚至大胆地宣称性爱不是罪过！他认为如果婚内的性愉悦得到了教会的鼓励，而婚外的性愉悦却成了肉欲之罪，这种行为本身就显然无关道德。

更具争议的是，他认为那些杀害了基督的人实际上没有可被指责之过，因为他们并不知道基督是上帝之子。甚至最后耶稣也说过："原谅他们吧，因为他们并不知道自己在做什么。"

　　当然，只要涉及伦理问题就没有明确的对错之分。我们怎么可能总是确定当事人的真实意图呢？杀人犯几乎不可能承认蓄意杀人，因为他们很清楚认罪意味着什么。阿伯拉尔的答案是："上帝会知道。"但是，这很难应用于当今的社会。因此，现在必须权衡多角度的性格研究，交叉比对全部证据并且考量情节的合理性，所有这些都困难重重，并存在极大的错判可能。

　　进一步看，在无知和疏忽之间有明确的界限吗？"我不知道枪支是很危险的！"这句话可以算作合理的辩解吗？正如我们在有关克利福德的那一章（详见第37～39页）将读到的，我们对他人的自我约束抱有多大的期待呢？我们对自我言行所造成的影响又了解多少呢？

　　尽管存在上述这些争议，阿伯拉尔仍为伦理学和后世的世俗法庭[1]做出了巨大的贡献。他是愚昧、迷信的乱世中的一道理性之光，是我们脚下的巨人肩膀。

---

[1]相对于欧洲罗马教廷的圣宗教法庭的说法。欧洲的宗教法庭会依据教义指出当事人是否有罪，而世俗法庭则决定对当事人的处理方式。——译者注

辛格
关于"偏袒"

"平等"是我们对他人撒的弥天大谎。我们道貌岸然地宣扬一视同仁，鼓吹人人平等。然而，我们几乎每天都会做出歧视或抱有偏见的行为。更可怕的是，我们甚至都没意识到这种行为是不正确的。

请扪心自问，在你的母亲和一个陌生人之间，你会选择救谁？你会让谁继承遗产？你为什么会为子女捐献出自己的肾脏而不会为一个陌生人捐献出自己的肾脏呢？

在以上的每个事例中，我们心里总会把某些人排在他人之上，不平等地看待他们。如果这种想法不算是一种歧视，那又算是什么呢？

这就是澳大利亚哲学家彼得·辛格在其"不断扩张的

圈子"这套理论（出自其1981年所著的同名作品）中所讨论的问题。

辛格在作品中论述了日常生活中随处可见的偏袒朋友和家人的不道德行为。

理查德·道金斯在其1976年出版的作品《自私的基因》一书中写道，从进化心理学的角度看，照顾家人是天性，因为这种做法可以保护自身和家族的基因。因此，我们做出无私行为的范围很小，并且仅限于有利于我们进化的行为。虽然道金斯并没有明确表示我们的所作所为应该顺应进化的需求，但是他确实提出这是我们的天性，无可非议。

不过，辛格认为即便某些事情是生物或进化层面的"事实"，并不能说明它们是符合伦理的。事实本身是没有对错之分的。我们不能认为"存在的"就是"应该的"。

辛格还认为我们并不是简单的生物机器。我们拥有独特的理性思考的能力。一味看重进化心理学意味着低估了整个人类环境。人类是有能力超越生物决定论的。

纵观人类历史，我们已经用理性"扩大无私行为的范围"了。如果严格遵守达尔文的理论，那么我们应该只保全我们自己、子女，至多还有我们的近亲。然而，人类已经用理性创造了价值观和社会系统，进而扩大了我们做出无私行为的范围。我们首先顾全了更大的家族，其次是部落，最后是国家。在辛格的观点中，无私行为的范围最后为什么不是全世界呢？正因为有了理性和道德，我们才能够抛开血缘，尊崇以尊重全人类的尊严和价值为核心的价值体系。我们将在本书第411～413页读到甘地对这一观点的呼吁。

辛格相信我们所有人都可以扩大我们做出无私行为的范围。我们可以把社会生物学造成的歧视转变成真正的无私，可以去关心更多的人，最终关怀全人类。辛格认为伦理并非"理性"与"情感"的博弈，而是理性塑造并提升了同理心。伦理使我们向更多的人敞开心扉，关怀他人。

那么，偏袒自己的亲兄弟到底有没有错呢？将财产留给自己的子女是否正确呢？虽然这些举动再"自然"不过了，但是它们是否正确呢？

康德
关于"人是目的，不是手段"

你正在和几位同事一起用餐，有人打了个响指喊道："服务员！过来！"有的人乘坐出租车时从未对司机说过"你好""再见""谢谢"。绑架者绑架了一个男孩，索要一百万美元赎金。某国政府为了防止公民反抗而将叛国者处决。这些事例有什么共同之处呢？

在伊曼努尔·康德的眼中，这些人都将他人当作达成目的的手段，而这种做法是错误的。

康德沉迷于人类的理性。在他看来，理性是我们拥有的最宝贵的财富。当然，最让我们受益的一点是，理性能让我们明辨是非。我们在前面的篇章（详见第11~13页）了解到康德的第一个道德公式——"绝对命令"——就是唯有人类运用理性才能达成的，而本篇章将介绍他的第二个公式，这个公式可以看成第一个公式的延伸，需要我们眯起眼睛来仔细看，并给予它另一个名字《庞大哲学》。

康德认为，一个理性的人具有一种无条件的尊严。因此，我们的举止也应该体现出对这种尊严的尊重。我们都应该"把人性……在任何情况下都当作目的，而绝不仅仅是手段"。人不是被利用的工具，也不是阴谋中的一粒棋子，每个人都有属于自己的价值。每个人都弥足珍贵。

康德对以上思想的论证基础是每个人都主观地将自己的存在视为世界的全部和意义。我认为自己很重要，而且确信你也如此。正因为世界是由我们这样主观的个体组成的，可以承认每个人都有权认定自身的价值。如果人人都无条件地认为自己最有价值，这个世界就是由最有价值的人组成的。

当然，康德并没有那么天真。社会的运转依赖于奉献、互助和为他人服务。这就是为什么他在这个公式中特意说明了我们不应该"仅仅"把他人当成手段。我们要永远意识到无论是服务生、出租车司机，还是罪犯，他们都是人，在他们自己的眼中，他们也很重要。康德对他的男仆兰珀始终给予极大尊重，甚至在遗嘱中还提到他。

　　因此，下一次你不确定该如何对待某个人的时候，问问你自己："我有没有给予这个人尊重？我只是像使用工具一样对待他吗？"这是一种简单易行的处世之法。

阿奎那

关于"参战"

　　一个国家应该在什么时候宣战？如果真的卷入战争，那么什么时候使用武力可视为正义？为什么大多数人认为西班牙人占领美洲大陆是错误行为，而诺曼底登陆就是英雄壮举呢？你会在什么情况下参军呢？

　　13世纪的意大利学者圣托马斯·阿奎那（即托马斯·阿奎那）就将其注意力从神学转移到这些问题上，并且成了支持正义的战争这一思想的主要奠基人之一。参考了奥古斯丁[1]早期的相关著作，阿奎那在其《神学大全》一书中指出，当一场战争满足以下三个条件时，这场战争就是"正义"的，或在道德层面上是可以接受的。

一、战争的发动者必须为"君主权威"（如今，我们可以理解为"合法国家"），不可以单凭自己的野心便冲动地发动战争。因此，东印度公司于1757年在普拉西向当地的孟加拉人发起的战斗就是非正义的，因为发动者是一家只算计着谋取利益的私人组织。

二、战争的目的必须是伸张正义，去声讨那些"因其暴行理应被天下人诛之"的人。因此，在斯雷布雷尼察大屠杀[2]发生后，北约（北大西洋公约组织）对波黑地区进

---

[1]奥古斯丁（354—430），古罗马基督教神学家、教会博士、新柏拉图主义哲学家，其思想影响了西方基督教教会和西方哲学的发展，并间接影响了整个西方基督教教会。他的作品包括《上帝之城》和《忏悔录》。——译者注
[2]斯雷布雷尼察位于波黑东部，是穆斯林聚居地，当地原有居民3万多人。1995年7月11日到22日，波黑塞族军警和南联盟派出的军警突袭并攻占了斯雷布雷尼察，在接下来的11天里对当地8000多名穆斯林成年男子和男孩进行屠杀。波黑塞族政府一直否认发生在斯雷布雷尼察的屠杀事件，直到2004年6月才承认。斯雷布雷尼察大屠杀是第二次世界大战之后发生在欧洲的最严重的一次屠杀行为。海牙的前南斯拉夫国际刑事法庭将此次屠杀定性为种族灭绝，随后被国际法庭也定性为种族灭绝。——译者注

行调停是正义的。任何人道主义的介入调停皆是正义的。

　　三、战争造成的伤亡必须降到最低，并且其最终目的是解决问题以迎来和平，即"惩恶扬善"。1209年，亚诺德·奥马利克[1]击败了法国南部信奉清洁派[2]的基督教徒，随后决定对贝济耶城进行屠城（口中高喊："凡天主目视尚可行动者，皆杀！"），他犯下的是滔天大罪。

　　如今，我们不再谈及"正义的战争"，转而谈论"合法的武力"。而且，世界上多数领导人的战前宣言都借用了阿奎那这三个条件。如今联合国对"正义的战争"的定义相当狭隘：《联合国宪章》第五十一章中提到，战争只有在自卫并且绝非主动侵略（正如阿奎那认为可能的那样）时才是正当的。可这是否有些过于狭隘了呢？战争或者军事介入是否出于正当的理由？还是如联合国所言，战争只能作为最后的防御手段呢？

---

[1]罗马教皇使节，熙笃会院长，曾参与组建阿尔比十字军，创建"骑士联盟"，曾令十字军屠戮贝济耶城。——译者注
[2]中世纪流传于欧洲地中海沿岸各国的基督教异端教派之一，亦音译为"卡特里派"或"卡沙尔派"。清洁派否认耶稣的神性，反对基督道成肉身和复活的教义，只视耶稣为最高的受造者。他们认为耶稣来到这世上就是要带他们脱离这物质的世界，解放他们脱离这可悲的循环，启示他们得救的真理。该教派主张不杀生，认为性和生殖为邪恶，提倡禁欲。——译者注

辛格
关于"物种歧视论"

你认为我们的孩子会如何评价我们呢？你认为我们的孩子的孩子会因我们讲述的自己的人生故事而震惊吗？那个可爱的小家伙会在未来的电视节目中提问："奶奶（或外婆、爷爷、姥爷），为什么没有人说出这是错误的呢？"

当代哲学家彼得·辛格认为，我们可能会在某一个领域遭受辛辣的评判——我们是如何对待其他动物的，以及我们做出那些行为时的伪善。在伦理和哲学层面，辛格迫使我们反思我们如此对待动物的正当理由（如果存在正当理由）。简而言之：为什么我们大多数人都认为人类比动物更有价值呢？

"物种歧视论"是辛格在20世纪70年代推广的有关环

境和动物的一系列伦理论。用辛格的话来说，物种歧视就是"一种偏袒自己所属种族成员的利益，并且损害其他种族成员的利益的带有偏见的心态"。

和所有歧视性的"主义"一样，这是一种因生活习俗固化而形成的偏见，即无法辩证地审视信仰。

辛格一再强调他的观点，并不是所有的生命都有相同的价值（他本人也很看重"自我意识"），而是所有的物种都能感知痛苦，产生求生的意愿。因此，所有的道德理论在衡量支持或反对一个行为可能导致的后果时，都应该考虑这个行为对所有物种的影响，而不仅仅是人类。

辛格的"物种歧视论"是其功利主义（即衡量一个行为造成的可预期的痛苦与快乐，以判断该行为正确与否）的一部分。他认为所有的伦理抉择都应该考虑行为本身带来的影响——不仅是对人类的影响，还有对动物、植物和自然界的影响。为什么在道德计量公式中只考虑人类的快乐呢？

到了21世纪，辛格的观点得到了更广泛的认同。现在，很多人都认为类似于斗牛、斗狗这样血腥的活动是不道德的。动物不应该为了满足人类的娱乐而遭受痛苦。因此，动物确实被纳入了我们的道德计量公式中。然而，很多人依然认为享用牛排带来的愉悦要比尊重一头牛的生存意愿更重要。辛格可能会说：我们是通过一个什么样的道德计量公式得出斗牛类的活动应该被禁止，而密集饲养牲畜的农场却是合理的呢？

争议更大的可能是，辛格认为物种歧视是一种恶意的、过时的偏见，当我们对其进行反思的时候，会像如今看待种族主义和性别歧视一样对其充满厌恶。如果我们仅仅因为偏见和传统就虐待有感情的生命（指能够感受到痛苦和亲缘关系的生命体），那么我们应该继续如此吗？

津巴多
关于"变邪恶"

你可曾想象过，如果出生在纳粹统治下的德国，你会怎样做呢？在内心深处，你是否觉得自己和别人截然不同？你是否从未犯过错，无论是大错还是小错，无论是因为别人的要求还是单纯地渴望融入群体？如果给你一套制服、一个头衔和无限制的权力，你会做出怎样的行为？请扪心自问。

"二战"结束后，很多社会心理学家试图通过思考同样的问题来解释发生在德国的事情。这样一个拥有悠久历史和超凡智慧的国家，怎么会很快变成了另一种样子呢？

1971年，美国心理学家菲利普·津巴多进行了著名的斯坦福监狱实验。他从75名成年男子中筛选出24个人，将他们置于一种类似于监狱的环境下，其中12个人充当狱警，配有装备并设置相应的处罚规定，其余参与者则充当罪犯。原定为期两周的实验仅在6天之后就被迫终止，因为一些"狱警"的行为愈发专制、残忍和苛刻。据津巴多称，三分之一的"狱警"表现出了虐待狂的临床特征。

这项实验表明，我们所说的道德底线只停留于社会环境所接纳的范围内。津巴多指出，在不考虑社会环境和压力的前提下，个人的性情和道德水平处于被高估的状态。只要得到许可和狱警的制服，我们都有可能成为奥斯威辛集中营的看守。

不过，这项实验也受到了世人的指责和批判。

首先，很多人批判津巴多在实验中不仅没能保持中立，甚至以一种"邪恶总监"的身份允许实验中出现更出格、更大胆的行为。比如，津巴多给扮演狱警的实验者提供了电影《铁窗喋血》[1]中做出极端施虐行为的狱警戴的飞行员墨镜。在场面失控后，直到津巴多的实验合作伙伴

---

[1]一部以美国监狱为题材的剧情片，上映于1967年，由斯图尔特·罗森博格执导，保罗·纽曼、乔治·肯尼迪和斯特罗瑟·马丁主演。——译者注

（也是他的女朋友）克里斯蒂娜·马斯拉奇指出情况有多严重时，他才取消了实验。

其次，我们已经无从得知，究竟有多少充当狱警的参与者的确产生了严重的转变，进而表现出虐待狂倾向。实验中最恶劣的行为来自一个名叫戴夫·埃谢尔曼的"狱警"，他事后声称自己刻意表演一个这样的角色，给研究者提供研究的对象。其他"狱警"的罪行更符合旁观者效应[1]，而非积极参与暴行。

即便存在上述争议，津巴多的实验还是引发了值得所有人思考的重要问题。如果我们被赋予了不容置疑的权力与地位，那么我们的道德和价值的底线究竟在哪里呢？

---

[1]当一些恶性事件发生的时候，旁观者越多，人们反而越不会向受害者提供帮助。即便最后人们提供了帮助，此时距离事件发生也过了很长时间。——译者注

克利福德
关于"信仰中的道德"

奉行某些特定的信仰是不是一件不道德的事呢？我们只对行为举止负责，不为自己的思想负责吗？我们是否有奉行某种信仰或者以某种特定方式思考的责任和义务，即所谓"认知责任"？

1877年，英国哲学家W.K.克利福德在其发表的论文《信仰伦理》中记录了同样的思考。

我们先来讲个故事。假如一位船主正在出售一张即将开启千载难逢的奇妙之旅的船票。他预感自己的船可能并不安全，但是一方面维修费用过于昂贵，光是维修就可能使他的利润大幅缩水，另一方面还有未能售出的船票。因此，这名船主选择了对船况视而不见……毕竟，这只是一种预感。那么，这位船主应该为其有意的忽视而背负道德谴责吗？他有义务向人提出他的忧虑吗？克利福德认为答案是肯定的。

克利福德写道："任何人在证据不足的情况下相信任何事情，这在何时何地都是错误的。"他本人连同这条准则成了实证主义的标志，也就是说我们应该只相信能够被证实的事物。

在克利福德看来，无论这趟奇妙之旅是安全、愉快的还是悲惨、致命的，这位船主都有过错。一个人没有全力以赴地探寻真相，就已经铸成了大错。他没有用全部认知能力研究证据。

类似地，一个种族主义者无论是否做出了种族歧视行为，他都是不道德的。种族主义者应该更深刻地审视自己的信仰。对证据的无视、贬低、歪曲和误解不能作为辩护的理由。故意忽视证据在任何情况下都是错误的行为。

那些支持"地平说"的人、拒绝接种疫苗的人、阴谋论者和占星师都是不道德的，因为他们没有更加努力地研究证据。

当然，这种思想也有其局限性。谁来判断到底做到什么程度才算充分搜集了证据呢？我们该如何处理使人不自觉地避开矛盾证据的确认偏差[1]呢？一个人的初衷又有多重要呢（这也是本书第19页中阿伯拉尔在思考的问题）？那么克利福德宣扬的"信仰需要道德的制约"合理吗？

　　克利福德的观点引发了有关"信仰与行动"的棘手问题，而且这二者之间的伦理界限并不是很清晰。你需要为你持有的观点背负道德责任吗？那么，有谁来做我们的思想警察呢？

---

[1]指人一旦产生某个信念就会努力寻找与信念相符的例子，并忽视那些与信念不符的。——译者注

拉夫洛克

关于"大自然母亲"

　　请想象自己正在俯视本书。接着，看看此时身处的建筑。然后，看那地平线的弧度、城市和绿色的大地。最后，想象自己就是地球，仰望着宇宙。

　　好，保持现在的想象，我们请出英国科学家詹姆斯·拉夫洛克，他将引导我们探寻其"盖娅假说"（根据古希腊的大地女神而得名）。

　　看看人类这个群体，问自己一个简单的问题：如果我们没有任何特殊之处，怎么办？如果我们只是这个巨大的生态系统中的一个小齿轮，怎么办？请尝试一下跳出当前的时间点观察我们，在生命存在的数十亿年的跨度内审视我们。如果我们之于整个世界就如同肠道内蠕动的细菌，怎么办？拉夫洛克将这种以地球的视角看待整个生态系统的假想称为"盖娅"。

盖娅（即地球）是一台通过反馈回路和生态系统的变化来维护整个星球的调节器。正是这个"盖娅原理"调控温度、海洋含盐度、氧气，以及其他自我平衡因素，从而保证生命的延续。对我们来说，生态和气象系统可能复杂到令人头痛，可对盖娅来说，掌控它们只不过是日常的事务罢了。盖娅在幕后操纵，确保一切得以正常运转。

这个观点如今可能没有其最早被提出时听上去那么标新立异或神秘莫测。共同进化是指生态系统的各个环节同步进化。比如，老鹰进化出了捕猎的本领，兔子进化出了强大的繁殖能力；牛进化出食草的技能，草籽进化出不被牛消化掉的能力；郁金香进化出黏性花粉，蜜蜂进化出毛茸茸的身体。这样看来，世界始终处于进化之中，而物种就像是世界结构中的微生物或器官。对这样一套系统来说，人类与其他任何物种并没有高低之分。

这个观点可以推导出以下两种可能。

或许如电影《黑客帝国》中的特工史密斯所说，我们对盖娅来说是一种致命的病原体。我们是一种给地球带来致命伤害的癌症或者病毒，破坏了气候，排放了过多的二氧化碳。我们是一个损坏的电脑部件，现在这台电脑运转得异常缓慢。

另一种可能性是我们对盖娅来说是无关紧要的。可能盖娅会像对待其之前的疾病那样将人类剔除。地球会变得不适宜人类居住。但是，就像电影《侏罗纪公园》告诉我们的，"生命总能找到出路"。多姿多彩的生命会继续在地球上延续——在我们的工厂和核武器在海底腐烂生锈之后。

无论是哪种可能，"盖娅假说"都是一个充满争议的奇特观点，其引申出的可能性既乐观又让人毛骨悚然。

存在主义

Existentialism

存在主义既是一种否定，也是一种肯定。

它否定了一种绝对的、客观的、限制性的规范和标准。

它肯定了人类自身的选择、自由、自主和身份。

它让我们看到了我们佩戴的面具和生活中的谎言，

并且呼吁我们按照自己的意愿选择生活方式。

存在主义提倡拒绝他人告诉我们"应该做什么"，

它要求我们自己掌握生活的选择权。

萨特
关于"自欺欺人"

你曾有多少次把自己的所作所为归咎于他人或某事？你是否会经常懊恼："要不是因为A，我就做B了！"你是否因为老板、师长、父母或朋友"强迫你"做了某事而对他们心生怨恨？

20世纪法国存在主义哲学家让-保罗·萨特界定了这种情绪，并将其命名为"自欺欺人（bad faith）"（法语为mauvaise foi）。

有选择权其实并非易事，因为有选择权往往伴随着责任、期待，以及牵一发而动全身的抉择压力。由此看来，按照别人的要求行事比自己做决定要简单很多。

因此萨特认为，我们编造故事、制定规则和法律就是为了剥夺我们的自由，避免有自主选择的机会。无论是"不要立刻回复信息"这样的社交规则，还是"不可以偷窃"这样的成文法律都可以体现出这一点。

当我们想掩饰自己主动遵循这些条条框框的时候，就会出现"自欺欺人"的情况——我们假装是受到外界规则的"强迫"而做了某事。实际上，法规和规范并不能强迫我们做任何事，只有你能决定做什么。

我们每时每刻都需要做决定，我们清醒的每一秒都是自由之身。任何人或事物都不能把自由从我们身边夺走，我们"注定是自由的"。

萨特要求他的学生和所有的存在主义者都意识到自主选择的力量。为了避免做出"自欺欺人"的行为，需要彻底改变思维方式：你不应该生老师的气，因为你自己选择了上学；你不应该为超速罚单感到愤愤不平，因为你自己选择了超速；当朋友的言行已经粗鲁到人尽皆知时，你不应该对自己被粗鲁对待而感到惊讶。在任何情况下，做决定的人都是你，因此承担后果的人也是你自己。

自欺欺人就是否认我们也参与其中，是对责任的逃避，是怯懦地拒绝直面真正的内心。我们也许会发现随波逐流更轻松，但是也拒绝了真正存在的自我。无论怎样义愤填膺、心烦意乱或咒天骂地，都不要忘了，你只是在生自己的气——是你选择了当下，是你选择了这一生。

克尔凯郭尔
存在与虚无

　　我们都曾经幻想过做一件可以彻底改变自己人生的事情。可能是我们想象中的挥一记拳头，发出一声尖叫，冒险一次，打一通电话，写下一段坦白的话……总之，是一种惊人之举，可以使你的世界发生翻天覆地的变化。一旦做出了选择，就再没有回头路。

　　"L'appel du vide"，字面意思为"虚无的吸引力"，它简要地总结了这种感觉。这是透彻地了解存在主义或关于选择与真实的哲学的途径。

　　瑟伦·克尔凯郭尔认为人类对自控力感到既恐惧又兴奋，而让-保罗·萨特认为我们都渴望一种令人无比轻松的"无为"状态——像机器人一样停止思考。因为选择意味着如影随形的责任，而责任则会带来压力与焦虑。一旦做出了糟糕的选择，你就不能去埋怨任何人。

"L'appel du vide"描述的是我们偶尔会意识到的一种莫名的感觉，出现在意识到自身承担着多大的责任，以及我们的行为究竟有多么可怕的威力的时候。

这是一种普遍存在的普通感觉（虽然并非每天都会发生）。它可能是火车擦着月台呼啸而过所带来的恐慌，或俯视悬崖下方时的血液上涌。它既是你心中无法言说的黑暗面，也是在图书馆里渴望尖叫的畅快感。

"L'appel du vide"就是仿佛听到脑海深处有个声音在说："你可以那么做。"这是一种不确信自己不会做傻事的奇怪感觉。世上所有的理由都会阻止你做这件后果不堪设想的事情，可是大脑中的某处仍在怀疑这些理由是否充分。世间并没有纯粹的、具体的、客观存在的事物会阻止你那么做。没有警察、家长或上帝在最后时刻阻止你。你必须相信自己，笃定那个念头糟透了。

那种念头并非含有自杀或毁灭性的倾向（也从来没被认真对待），事实恰恰相反。那些念头都使你感受到了无限的威力——你感受到了选择的重压。

　　唯有你，能彻底颠覆你的存在，改变你的生活，别人都不能做到。只需要微小或简单的行动，你将成为宇宙的主宰。

　　因此，带着这样的感觉去积极充实地面对每一天吧！

蒙田

关于"人终有一死"

生活不易，其中充斥着焦虑、迷恋、紧张、恐惧，还有怪兽和鬼魂若隐若现。那么，我们怎样做才能消除这一切呢？怎样才能看清它们不过是一些微不足道的小事呢？

"Memento mori"，从字面上可以理解为"人终有一死"，这种想法时常会让人们想到自己的死亡，可以让你将琐事看淡，问问自己"它们有那么重要吗？"，以此让我们从更长远的角度看待那些让自己焦虑的事情。

古罗马大帝马可·奥勒留[1]是斯多亚学派（又称"斯多葛学派"）的践行者，他就很认同这个观点。在他看来，死亡是一件极其自然且无法逃避的事情。他认为，时常正视死亡可以让人们从置办财产、追求世俗的财富和急功近利带来的焦虑中解脱出来。所有人终有一天将入土，何必把时间浪费在焦虑不安上呢？

古埃及人经常在宴会用餐期间推进来一具木乃伊。用餐的人会大喊："尽情地享用美食、美酒吧，尽情地享受快乐吧！不久我们就都会变成这样！" 这个观点几乎与《圣经·旧约·传道书》中的文字一字不差。

法国文艺复兴时期的哲学家米歇尔·德·蒙田就十分欣赏"人终有一死"这个理念，他甚至建议我们住得离墓地越近越好。他写道："让我们消除对死亡的陌生感，习惯死亡。"在蒙田的眼中，"人终有一死"并非对死亡的迷恋，而是让我们享受生命。

生活在基督教统治的中世纪和文艺复兴时期的人们经

---

[1]马可·奥勒留，罗马帝国政治家、军事家、哲学家，罗马帝国五贤帝时代最后一位皇帝（161年—180年在位），是罗马帝国伟大的皇帝之一。他是一位极具智慧的君主，也是一位很有造就的思想家，有以希腊文写成的著作《沉思录》传世。——译者注

常随身携带死神、尸体或骷髅头骨样式的小物件，这种行为的含义就是，和死亡离得越近，生活就会越美好。

你现在也可以试一下，想象自己将离世的时刻。放下手中的事情，认真思考死亡会在何时、何地，以何因、何种方式到来。设身处地地感受那个时刻降临时的恐惧感、无限的未知感和可怕的孤独感。你将踽踽独行，而所爱之人都无法继续陪伴你。如果你愿意，可以将手中的书放下，然后试着想象。

死亡终将来临。

当你对死亡深刻思考了一番，日常的烦恼就会被置之脑后，变得无关紧要。谁会在乎老板怎么想呢？朋友说的那些令人生厌的言论真的重要吗？为什么要和一生挚爱之人生闷气呢？

生命是永恒黑暗中稍纵即逝的烛光。"人终有一死"这句话的意思就是，让我们放下该放下的，珍惜该珍惜的。

尼采
关于"变得强大"

你在什么时候会厉声反击呢？那些无穷无尽、单调乏味的工作和痛苦、客套的寒暄什么时候会让你感到无法忍受？这是你的人生，你仅有的一次人生，你却将其浪费在低三下四、卑躬屈膝和百无聊赖上。经过数百万年的进化，我们真的变成这样了吗？我们都贬损自己，仅仅是一个空虚的、呜咽的"退化的人类"。

这段文字是弗里德里希·尼采于19世纪中后期对现代文明表达的看法。

人生的核心是对权力的渴望。从生物学的角度来看，我们通过达尔文式混战传递基因。但是，不仅如此，人类普遍的生存本能是控制、统治和占有。如同树根穿破混凝土，求偶的雄鹿挺身决斗，人类也是如此。

我们曾经对权力、贵族和力量顶礼膜拜。我们曾经是永不屈服的斯巴达勇士、无所畏惧的日本武士，以及与龙搏斗的挪威战士。我们曾经是一群歌颂英雄和征服者的骄傲、热血的人们。但不知为何，一切出了问题。我们失去了崇高的自我。

与此同时，一些隐秘的疾病正在人类中传播，它们叫作谦卑、同情和怜悯。这些清心寡欲的人、乞丐和可怜虫摇身一变，被奉为神明，尊为圣人。勃然奋励和踌躇满志被描绘为一种"致命的罪过"。锤死冰霜巨人的雷神托尔[1]和降服了九头蛇的赫拉克勒斯[2]已经离去，到来的是那个在十字架上受辱而死的拿撒勒木匠的儿子[3]。

这样的转变与所有生命的自然驱动力相违背。这是一种"无欲无求"的追求，否定了生存的全部原动力，即一

---

[1]《北欧神话》中雷神托尔发现自己的锤子被冰霜巨人国王偷走，于是扮成新娘，夺回锤子，并锤死巨人。——译者注

[2]《希腊神话》中的大力神赫拉克勒斯打断了蛇妖的不死之头。——译者注

[3]这里指耶稣基督。——译者注

切自然界生物的核心力量——对权力的渴望。

既然我们已经把力量和权势视为罪过，我们现在不得不把对权力的渴望隐藏于内心之中。正因为我们被禁止控制，这些渴望会以"内疚"和"良知"的形式造成自我消耗。人类"独自落泪，自我压迫，自我折磨，暗自焦虑，虐待自己"，因为人类压抑着原本的样子，好似被圈禁起来的野狼，戴上了笼嘴，"在笼子的栏杆上将自己的皮磨破"。

在尼采看来，人类这样的状态是致命的。我们需要再次重申生命最原始的元素。我们需要重塑高贵和权力。我们需要大胆、无畏地再"活"一次。这是对权力的渴望。

海德格尔
关于"死亡"

吸血鬼德古拉习以为常地庆祝自己的400岁生日：他躺在棺材里无精打采地盯着自己的棺材盖。挺身起来又有什么事情可做呢？他创作了交响乐的杰作，绘制了著名的画作，终结了每一位勇猛的英雄的生命，并且爱过所有的绝世美人。他结识过所有名流，尝遍了形形色色人的鲜血……何必再自寻烦恼呢？当生命永无尽头，每一天都变得毫无意义。

20世纪的德国哲学家马丁·海德格尔洞悉了这个症结所在。德古拉丧失了实在感。

海德格尔认为，我们长久以来都没有意识到作为人类的一个正在悄然而至的、无法避免的、界定性的特质：
我们都会逝去。为了隐藏死亡，并且将我们的注意力远离
与死亡有关的所有事物，我们付出了巨大的努力。我们创
造了结尾为"永远幸福下去"的童话，对"死亡"只字未
提。我们建设了医院和临终关怀服务，帮我们逃避通往极
乐世界前的黑暗。我们的熟人中几乎很少有人见过尸体。

我们掩盖死亡，无视它将到来。我们总是在说：
"千万别生病呀！"

为此，我们将生命中的注意力用于日常琐事和掩盖死
亡的焦虑中，而死亡本身定义了所有人类。我们用隐喻和
委婉语来敷衍死亡这一生命中最重要的事件。

在海德格尔看来，如果没有死亡作为最终的帷幕，
我们会发现一切都毫无意义。如果我们抱着永生的想法去
生活，那么世界会变成虚无的存在，我们身处其中，永远
都无法确定我们的抉择会产生怎样的终极影响。我们不会
敬畏每一个抉择的重要性。每种选择通往一种不同的人
生，并且没有回头之路。我们只能选择其中一条。若不怀
揣着对死亡的敬畏，我们永远无法体悟到生命本应传达的
意义，抱着任何事情都可以放在第二天去做的态度错误地
活着。

德古拉无法看到自己世界的尽头，因此每分每秒都觉得索然无味。凡人的心思不是用来沉迷于不朽的。因此，一边假想不朽的生命，一边逃避直面最终到来的孤独离世（因为孤独是大家真正恐惧的事情），是对真实状态的否认。这是毫无意义并且逃避责任的人生。如果不直面死亡，我们的每一天都毫无意义。

我们需要时间的抛锚和死亡，否则也会逐渐偏离自己。我们必须通过直面死亡来赋予一切以意义。我们沉溺于童话般的结尾是因为其能舒缓恐惧，但是这样的结尾也抹消了人类原本的状态。夕阳的美丽在于它的消逝，爱情的意义在于它带来的心碎，嘀嗒作响的时钟使我们昏昏欲睡。今日所做的所有选择都无法更改。因此，最好让每个选择都更值得。

加缪

关于"荒谬"

　　你是否经历过被倾盆大雨浇成落汤鸡，而后无奈大笑？你是否经历过事情变得一塌糊涂，让你走上穷途末路，你不得不微笑着接受这样的结果，接着享受每分每秒？这就是阿贝尔·加缪所说的荒谬。

　　加缪是法国的存在主义哲学家。他首先提出了一个简单的观点：根本不存在可以指导我们生活的客观规则。人类没有（亚里士多德所说的）"目标"，没有（康德认为的）道德法则，也没有可以指望的来生。这样看来，人生着实索然无味。

　　加缪在其1942年发表的哲学随笔《西西弗斯的神话》中就描述了这种"荒谬的存在"。西西弗斯因触犯了众神，被诸神惩罚将一块巨石推向山顶，却在马上就要成功的时候眼睁睁地看着它滚下山坡，就这样循环往复，永无止境。

与之类似的是，人类也明知一切终将化为虚无却依旧忙忙碌碌。无论是最伟大的人还是最渺小的人都终将化作尘埃。一切皆为荒谬，无论是通过日常琐事还是通过丰功伟业让自己逃避，我们都明了一切终将消亡。生命就是一场徒劳的游戏。我们都在同电影《泰坦尼克号》中的船上乐队一起演奏而已。

加缪曾写道："真正严肃的哲学问题只有一个，那就是自杀。"但他没有接着写下去。自杀就等于向虚无主义[1]投降，我们不能这么做。

只有当我们愤怒地反抗时，荒谬才是一个难题。西西弗斯蔑视他当下的工作是因为他将其与之前的人生做比较。他渴望一种已经不属于他的存在。只要我们的渴望得以缓解，得到答案，或者被治愈时，人类就会感到绝望。寻求意义让我们永远都无法感到幸福。"解决"荒谬的办法并非无视它，而是拥抱它。一旦我们意识到这一点，并

---

[1]虚无主义认为世界，特别是人类的存在没有意义、目的、可理解的真相，以及本质价值。——译者注

且能够坦然视之，把它看作最圆满的归宿，我们甚至会幸福地对生活重新进行判定。

　　加缪认为："雄辩的真理一旦被看清就将崩塌。"我们甚至可以直面荒谬这样的悲剧，然后一笑而过。

叔本华

关于“无聊”

到底是什么在驱使我们呢？是什么让我们一边忍受着无聊、痛苦和折磨，一边不断向前？到底是怎样顽固的动力让我们永不停歇，希望给彼此留下痕迹或梦想？这动力存在于我们每个人的内心。除非病入膏肓或自我毁灭，否则我们都会有一种原始的、根植于内心的强大冲动，令我们正如丘吉尔所说“永不懈怠”！

德国的哲学家阿图尔·叔本华将这种本能动力解释为“意志”，他认为这既是人生真正的驱动力，也是最大的痛苦。

叔本华在康德（见本书第366～368页）的基础上，同样认为世界不是其外在呈现的样子，而是人在脑海中构建的“表象”。但是，康德认为事物本身（或者“物自体"）是我们人类的经验无法认知的东西，而叔本华认为基本原理决定了基本结构，即一切事物决定于"意志"。

宇宙中的一切都有其自身的驱动意志。这是一种生机勃勃、永不停歇的需求，或是一种"漫无目的的奋斗"，是一种占有欲、控制欲和决定权。

宇宙万物皆有意志。或许，我们更容易理解动物的意志（如需要果腹、繁衍），但是河流侵蚀山崖，流星撞击星球，水流汇入海洋……这些自然现象的背后也有意志存在（这也是尼采的哲学思想的基础，即权力意志，详见第55～57页）。

不过，问题在于我们的意志从未得到满足。意志正如病毒一般，唯一的驱动力就是生长。意志，也就是万物的本质，伴随着无穷无尽的欲望。其天然特性就是永远不满足自身的命运，因此我们不断深陷于痛苦的抉择之中。

我们像坦塔罗斯伸手去摘果子[1]那样永不停歇、徒劳

---

[1]坦塔罗斯是希腊神话中主神宙斯之子，起初甚得众神的宠爱，后来变得骄傲自大，侮辱众神，于是他被打入地狱，饱受痛苦的折磨。他看上去只要弯下腰就能喝到水，踮起脚就能摘到树上的果实，但都实现不了。后人以"坦塔罗斯的苦恼"喻指能够看到目标却永远达不到目标的痛苦。——译者注

无功地渴望新事物，也会由于缺乏动力感到无聊和倦怠。无论怎样，意志不会满足，同时它还是整个宇宙的驱动力。这样看来，不奋斗的状态是与生命相矛盾的。不断向前写在了我们的生命中。无论是真是假，当我们真的停滞不前的时候，我们便不再是自己了。

因此，叔本华认为我们永远都处于无聊和躁动的矛盾中。我们要么缺乏动力，要么永不知足。不过，这是一个积极的状态呢。

萨特
关于"他人"

　　请你让最好的朋友或亲人用几个词对你进行总结。当你看到或听到他们对你的总结时会有怎样的感想？如果他们的描述十分准确，你会感到开心吗？或者你是否会觉得……他们的总结是片面的？你不明白这些亲近的人为什么并没有那么了解你。

　　最后这个想法就隐藏于让-保罗·萨特最常被引用的名言"他人即地狱"中。

　　我们每一个人都是极其复杂的个体。我们都有不为人知的幻想，怀揣着不愿与他人分享的秘密，承受着埋藏于内心深处的恐惧，具有他人无法看见，甚至永远也不会看见的复杂性。我们是感受和思考的主体，孤独地受困于思想中，正如囚徒被禁锢于高塔。

然而，我们被迫与他人生活在一起。他们窥探、揣摩，并指摘我们。当你走进一个房间时，每一个人都会根据你的表现品头论足。对他们来说，你是一件物品。他们眨眼间就会贬损你。你被贴上标签，然后被置之脑后。对他们来说，你可能是个"笑料""书虫""老妈子""无聊的人""胖子""笨蛋"。你能深刻地感受到别人的评价对你造成的负担和不适感。

就连那些我们亲近的人都无法完全领会我们复杂的个性。我们被简化，被放入一个整洁的盒子内，我们最珍视、最亲密的那个自我完全消失了。因此，我们抱怨这不公正的一切，在心底呐喊："这并不是完整的我。"

更可怕的是，我们开始以旁人的眼光看待自己。我们被每个人物化，并且感到羞愧和备受侮辱。

因此，我们以牙还牙，转而贬损他人及其复杂性。我们使别人越来越不真实，越来越单一，并且无足轻重。我们作为主体已经心灰意冷，开始通过物化他人，试图让自身受到的评价不那么令人不适。我们削弱了自我和自我的复杂性。心，不再那么疼了；世界，安静了。我们仿佛修复了一切，成了自己的英雄。

因此，"他人即地狱"是因为他人夺走了我们的个性，让我们感到渺小、浅薄，既无关紧要，又无聊乏味。我们想说："我并非总是如此！"可是我们选择了沉默，否则除了显得不体面之外，无济于事。

尼采

关于"永恒轮回"

弗里德里希·尼采经常被误认为是一个虚无主义者。他经常扮演一个暴跳如雷的蓄着浓密八字胡的家伙，说着"上帝已死！"，向我们痛斥毫无价值的生命。正如你猜测的，真相要更加复杂。而且，他的"永恒轮回"这一思想实验恰恰展现出他是一位热爱生命的存在主义哲学先驱，也许还可称为一位非常现代的心理治疗师。

在其1882年出版的著作《快乐的科学》中，尼采让我们想象有这样一个魔鬼，它对我们说："你正在经历的人生和曾经经历过的人生，都会无数次地循环上演，但不会有任何改变，每一份痛苦和欢乐、每一次思考和叹息，以及生命中每个难以言说的渺小或伟大的事件，都在同样的时间以同样的顺序再次发生。"

那么，你对上一段的第一反应是什么呢？请花点时间思考一下。必要的话，可以重新阅读上一段。

尼采认为，如果这个想法让你感到寝食难安、惶恐不已，那么对你来说生活成了一个客观事物。你从某种程度上变成了自己生活的旁观者，并且对一切都会予以尖酸刻薄、愤世嫉俗的批判，被动地让生活发生，让生活改变自己，对遭受的伤害和痛苦无法释怀，视生活为一件最好尽快完成的事情。

尼采对此并没有给予强烈的批判。他认为，如果这种想法引起了你的共鸣，那么你是一个懦弱的受害者，受困于"我好倒霉呀"这样的想法，难以自拔。

尼采的这句格言为我们提供了解药：热爱你的命运。

当我们接受发到手中的牌时，我们渴望的有关生存的慰藉才会出现。我们不该执迷于"有回头路"，或者绝望地祈求能够改变已经发生的事情。所有的痛苦与喜乐皆如此。我们必须欣然接受这一切，因为这些是我们作为人的独特经历。我们必须为犯下的过错和失误感到自豪，因为自己已经克服了这些困难。我们与之共存，并因其而存在。

几千年来，"永恒轮回"这一概念就是诸多东方宗教的核心教义，并且在古希腊的斯多亚学派中广泛存在。但是，正因为尼采，这一理念才得以在现代西方读者中普及。

如今，我们也许会把这一思想归结为"随遇而安"、"向前看"或"顺其自然"……但是，这些并非这一思想的全部。"永恒轮回"并不是希望逃避或者摆脱，而是积极、响亮地肯定自己的生活。热爱你的命运。

克尔凯郭尔
关于"存在的层次"

你是否觉得自己的情绪每天都会发生变化？好像有时一觉醒来就会对生活产生全新的态度和看法？上一秒你可能感到幸福而满足，下一秒你便觉得欲求不满，不知为何，自己就是想要……更强大、更富有？

19世纪的丹麦哲学家瑟伦·克尔凯郭尔显然十分确切地了解你的感受。

作为赫赫有名的存在主义之父，克尔凯郭尔认为，在他所处的时代，哲学已经为了树木而失去了森林。哲学界狂热地沉迷于抽象的形而上学，当黑格尔提出"世界精神"（详见第155～157页）这一理论之时，这一潮流达到巅峰。这与曾是为我们引路的灯塔，也曾帮助我们找寻人生意义的古希腊哲学背道而驰。

克尔凯郭尔倡导旧哲学的回归，提倡自省和思考，以"我"和个人生活阅历为思考的出发点。为此，他将视线转移到对自身人性的探究上，并提出：人类的存在历经了日常生活中的三个层次——"感性层次"、"伦理层次（或世界层次）"和"宗教层次"。

"感性层次"是最肤浅、最渺小的境界，是对感官享受的纯粹追求。在这一阶段，人生就是一场盛宴，充斥着轻浮的欲望。作为在克尔凯郭尔的作品中出现的一个角色，约翰内斯作为一个欺骗他人感情的有教养的享乐主义者，成了感性主义者的化身。值得注意的是，在克尔郭凯尔的眼中，巴赫和鱼子酱正如酗酒和"江南Style"一样低俗。从对欲望的满足这一角度来看，它们并无差别，因为欲望本身的外在形式无关紧要。

但是，感性主义者会对生活感到"无聊"（这一点亦可参见本书第64～66页）。因此，在一个身心俱疲、酒气熏天的宿醉后阴霾密布的黎明，他们开始追求更多的东西，也就是伦理层面的东西。从此，感性主义者开始走出自我，与他人共同构建一个集体。社会、语言、伦理和文化也就此形成。我们因此成为更辽阔、更深邃的事物的一部分，这真是让人欣喜。当我们观看自己支持的队伍参加体育赛事时，遇到与自己志同道合的人时，或者秉持慷慨善良的美德生活时，都会感到心潮澎湃、感慨万千。

"宗教层次"是人类生活方式中最高且最有意义的境界。有时我们会莫名其妙地被卷入更高级的行为。众所周知，我们很难用语言去描述这种感觉（因为语言是属于之前的层次的），好像被一种更高级的力量牵引。我们会感到自己不得不去做一件只对自己有意义的事。我们只是需要去那么做，并不期待得到任何人（包括我们的至亲、至爱）的理解。

克尔凯郭尔认为，那些属于纯粹自我的、激动人心的时刻是最深刻、最伟大的。因为这些是独属于自己的经历，他人根本无法理解，也就无法评说。

黑格尔
关于"主奴"

　　我们每个人都有自己的仇敌。我们不会用这个词语去描述某个事物或人，但是总有这样一个事物或人会引发我们强烈的厌恶，仿佛与之对立就写在我们的基因里。那么，我们要被迫与之共存，会怎么样呢？一场无法避免的冲突即将上演。这是一场英雄与仇敌、正与反、主与奴的斗争。哪一方将获得最终的胜利呢？

　　德国哲学家G.W.F.黑格尔认为正是这些冲突定义了所有的人和物，其关于"主奴"相互作用关系的讨论对历史学家、社会学家和哲学家产生了前所未有的影响。

　　众所周知，黑格尔的理论晦涩难懂，他本人也心知肚明。1831年，他在临终之际留下的最后一句话就是："只有一个人曾经理解我，不过他还是不懂我。"尽管如此，我们依旧能在他的作品中找到其思想的精华。

黑格尔在著作中提出的一个至关重要的思想就是我们的自我身份和自我意识是如何形成的。他认为只有当自身与其他事物或他人建立联系时，我们才会对自我有所了解。我们需要被他人作为人来认可。只有当父亲或母亲呼唤我的名字，或有朋友与我相识，抑或运动队让我担任其中一个角色时，我才能认识到自己是谁。没有人能够抽象地存在。假若脱离了与他人的联系，我们便毫无意义可言。

那么，当我们与他人的关系不平等时会发生什么呢？一个人比另一个人更强势，会发生什么呢？黑格尔认为，在大多数的关系中，对立双方必定会发生冲突，一决胜负。在这种情况下，双方都能意识到这是一场两败俱伤的斗争。因此，其中一方会不可避免地做出让步，一种"主奴"的关系就此形成，变成了强者与弱者、领主与奴隶。

然而，这样的关系中没有幸福的一方。奴隶被物化，他们的事业被主人占有，他们被剥夺了作为人的权利。主人也一样遭受了损失，他们也需要寻求认可。但是，由于他们物化并且剥削了奴隶，他们也因此否定了他们自身唯一可以被认可的方式。他们需要奴隶来认可自己，可又无法接受奴隶的认同是合法的。当然，在这二者中，奴隶的处境更为糟糕。

最终，奴隶会发起一场生死搏斗，以获得自由。一种更有利于双方的新的关系状态就此产生，并且会将彼此视为相互依赖的对象。两个好斗的个体相互妥协，其结果就是形成了一种稳定、愉快、成熟的给予与索取的关系。

黑格尔的语言风格往往抽象难懂、富于理论性，他的主奴关系理论也是如此。很多读者会产生疑问："这个理论如何应用于日常生活中呢？"黑格尔本人对此问题保持沉默。直到萨特、波伏瓦和福柯出现，我们才发现黑格尔的这一理论隐含了对现代"权力动态关系"的理解。尽管有着晦涩难懂的缺点，黑格尔对此的见解相当深刻：没有人能通过支配和扩张来获益。只有当人们相互尊重，人类才能繁荣富强。

加缪
关于"反抗"

你会在什么情况下决定反击呢？在大喊"我受够了"之前，你能够承受多少次被冒犯、不公正对待、贬低或者虐待呢？你的底线在哪里呢？

阿贝尔·加缪认为，了解自己心中没人能打破的底线和反抗的临界点能让我们充分地认清自己。

加缪的大部分作品都在刻意地解析虚无主义——其宗旨是人生毫无目标和意义。他在其小说和随笔中都以抒情诗一般的语言提出了这样的问题，在后宗教（和后尼采）这样的虚无中怎样做人，以及我们该坚守怎样的价值观。

《反抗者》（1951）是加缪重要的著作之一。在这部随笔中，他探讨了生命中某些关键时刻，那些我们不会选择妥协的时刻，以及我们捍卫、定义价值观的时刻。这是我们在为"人类必须永远捍卫的一部分"划清界限，是我们对终生肯定的价值观的捍卫，是一份声明："这是我的底线。"

反抗者有责任捍卫其生命中不容他人侵犯的神圣底线。例如超负荷工作的员工对老板说要下班回家；学生拒绝接受不公正的处罚；家暴的受害者离开伴侣；奴隶决心逃亡。

简言之，我们每个人都有自己誓死捍卫的底线，正是这个底线诠释了人生的意义。

其实，反抗的主旨与加缪关于"荒谬"的论述是密不可分的。加缪认为在我们备受压迫和绝望至极时，往往会感受到最大的自由和快乐。正是在我们处于绝境、一无所有时，我们才会发现一个意想不到的内心深处的自我。自由正因其受限的程度而存在。

虽然加缪在其他作品中坚决否认存在驱动我们这样做或那样做的绝对真理，但是在《反抗者》中，关于这种不可推卸的责任和义务的论述却一反常态地与康德的思想一致。反抗者并非以自我为中心的利己主义者（虽然反抗的行为往往是由一个人发起的）。恰恰相反的是，反抗者给予了人类作为一个共同体的尊严并且维护了团结。加缪甚至曾说，他将"人类视为形而上的"，即我们所有人都有存在于这个世界之外的、无法改变的一部分。这种说法与"本质主义者"的观点具有相似之处。在他们看来，人类具备一个预先定义的本质，而加缪同时代的存在主义者则认为我们什么也改变不了。

那么，当你下次拒绝的时候，请记住反抗的意义。相较于做出否定，反抗更深远的意义是对生命的肯定。正是这样的时刻定义了你自己，并且向全世界庄严宣告：你不可能且不会背弃自我。

波伏瓦

关于"女权主义"

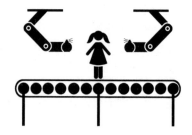

　　你什么时候会因为"那不是该做的事"而否定自己的意愿？你是否感到受困于别人给予你的期待、压力和标签？你在人际关系中扮演着怎样的角色？这些关系为你带来自由还是将你推向坟墓呢？

　　1949年，西蒙娜·德·波伏瓦发表了代表作《第二性》，该作品被认为是存在主义和现代女权主义的先锋之作。在其作品中，她表达了我们不是由提前切割好的模具（或"本质"）塑造的，我们塑造了自己。我们既塑造了自我认同的身份（我们如何看待自己），也塑造了社会认同的身份（我们期待别人如何看待自己）。

　　在她看来，这一观点可以延伸到女性身上。正如她说过的最著名的一句话："女性不是天生的，而是被塑造的。"

波伏瓦认为社会要求"女性"有特定的外表和举止，并且她也会有意或无意地完成这一要求。这个被设想出来的"女性"角色本身并不一定含有歧视或消极的意味，但是波伏瓦坚称社会往往会把女性的角色贬低为"第二"性，即地位或重要性要低于男性。男性是默认存在的；女性则是一个变种。

在波伏瓦看来，接受"女性"这一角色就是"自欺欺人"地生活（详见本书第46～48页），是对自己、自己真正的能力和定义自我的权利的隐藏。这种自欺欺人不仅导致了诸如职场性别歧视这样的社会问题，还会影响到我们所使用的语言和坚守的道德规范。请思考如下问题：在约会时由男方买单是否将"女性"这一角色物化？在酒吧里一个"得体"的女性是否应该只点特定的饮品？因为女性服用抗抑郁类药物的可能性是男性的两倍多，我们是否就能认定女性抑郁症患者也是男性的两倍多呢？女性从事无偿劳动的比例为75%，这是否更加肯定了上一个问题中的数据呢？怎样的社会道德准则可以解释为什么90%的女性不愿说出自己在地铁上遭到了性骚扰呢？（杰出的卡罗琳·克里亚多·佩雷斯——当代的波伏瓦，在其作品《看不见的女性》中对这些案例进行了深刻的讨论。）

当我们意识到社会对 "女性" 有多么刻板的印象时，我们才会明白自己也许也积极参与并塑造了这一切。我们每个人都完美地扮演着自己的角色。

那么，波伏瓦提出的问题就是：我们是否会允许他人或自己真正地把我们变成期待的样子？

法农
关于"黑人的存在主义"

我们都有自己的追求。想要成为最好的父亲，成为队里最好的板球手，或者成为知识最渊博的《哈利·波特》书迷。然而，当这样的身份变成束缚我们的盒子时，对人类来说就是一件麻烦的事情。我们这些来之不易的头衔、角色或者优点开始定义我们、限制我们。人们介绍说："这是乔安妮，她是一名板球选手。"或者说："这是麦克，他是两个帅气的男孩的父亲。"只言片语间，一个期待的牢笼将你团团包围，某些行为成为别人对你的期望。麦克无法向别人抱怨自己的孩子，乔安妮也无法承认自己昨晚根本就没看那场比赛。

来自法属马提尼克的弗朗兹·法农看到了人性的这一面，他将存在主义中这一独特的分支应用在了黑人的问题上。

在其著作《黑皮肤，白面具》（1952）中，法农（像本书第67~69页中萨特那样）逐渐认识到所有的标签和外在强加的身份都压抑了真正的自我。在他看来，"黑皮肤"就是其中一个案例。然而，唯一与所有外界强加的标签不同的是，黑人这一身份是如此恶名昭彰。从某种程度上来说，"黑皮肤"的标签是一种全人类都必须同仇敌忾去消除的强制身份。他曾写道："黑人为其劣等身份所奴役，白人则为其优等身份所奴役，这样的行为简直与神经质的倾向一致。"每个人都因为标签而遭到贬低。

法农认为人类需要某些条件来塑造自我，但是黑人无法得到这样的条件。法农借用了黑格尔的"主奴"观点（详见本书第76~78页），他认为，为了使自我意识得以发展，我们必须参与并认识另一个自我。然而，在很多肤色主义者和种族主义者的眼中，黑人并没有得到这样的认同。

白人对黑人的评判使黑人成了"众多物品中的一件"。黑人对自我有感知，而白人则不会。黑人被限制、归类、简化，并且被贴上"Negro"（英文中对黑人的贬义称呼）这样的标签。

法农认为这样往往会导致两种反馈，它们都是错误的。

黑人可能偶尔会接受并宣告自己的黑人身份。但是这样做只能物化自己，就像白人对其所做的。法农写道："我绝不让自己为不被公正认同的黑人文明做出贡献。我绝不会使自己重蹈覆辙。"

或许有时候，"黑人想要成为白人"。他会"穿上白人为其缝制的制服"，试图模仿白人的言谈举止，让自己变成他们。当然，这么做不仅是徒劳的，还会使自己陷入一种失真的生活。

虽然法农也并没有提出确切的解决方案，但却让人们关注到了一个所有种族中都存在的焦虑问题。当然，这并非在假定黑人和白人是平等的，而是说在黑人与白人自我实现的问题上存在着等级制度。一个白人也许会为变成真正的自我而焦虑。而对黑人来说，这是一场就算变得焦虑也想要体验的奢侈经历。在一个种族主义的社会里，作为黑人就意味着被剥夺了拥有这种存在主义焦虑的权利。

艺术
The Arts

如果说哲学可以引发我们深入思考和反思，

那么哲学家无疑都热爱艺术。

定义艺术本身就是一道哲学难题。

但是，在这本书里我们用艺术的载体来对其进行定义：

音乐、绘画、电影、戏剧、歌唱、美容等。

对我们大多数人来说，

艺术是我们之所以为人的基本要素之一，

而哲学恰恰阐明了这种需求。

艺术是我们用来表达独特经历的方式，

我们以此让他人感同身受。

侘寂

关于"残缺之美"

有些残缺的事物能给人以深刻的美感。比如，一座有着长满青苔的雕像的庭院，一片枯死的树林，或者一栋拥有让我们萦绕于心的辛酸过往的废弃古堡。这种陈旧、破败、残缺、失调、粗糙或扭曲能够引发一种凄美的感觉。这种感觉难以表达与理解。

这就是源自日本的侘寂（Wabi-Sabi）概念。

侘寂是一种发现与欣赏生命中的不完美和世事无常的体验，也关乎我们如何与之相处，这样我们就会将自己看作无常中的一部分。

西方的审美传统可追溯到古希腊时期，其崇尚尽善尽美。而日本的文化受到了佛教的影响，更注重万事万物的无常性、不完整性和脆弱性的实质。两者的区别就如同一座大理石的阿多尼斯雕像与一盏布满裂痕的茶杯，宛如理想与现实的对抗。

侘寂在日本以外的地方为人熟知，往往得益于设计领域对其的应用。它也许在一座摇摇欲坠的废墟、一张破旧不堪的农家餐桌、一座纪念碑的不对称的柱子中得以体现。其往往作为形容词使用，例如"那张长椅很侘寂"。这种做法虽然捕捉到了概念中的一个元素，但是却忽略了一个重要部分。

侘寂更贴切的含义是描述一种你（观察者）和你正在观察的物品之间的关系。严格地说，我们不能称一件物品为侘寂，而是内心被这件物品激发出了这种感觉。我之所以觉得一块布满裂纹和青苔的墓碑很凄美，那是因为它使我想起自己也终将面对死亡，因为自己的生活中也充斥着不完美。在某人眼中，一头战至伤痕累累的暮年狮子让他感到侘寂；而在另外一个人看来，它也许是杰夫·巴克利[1]，或者是一部小说的结束之词。

---

[1]美国创作歌手、吉他手，他对李欧纳·柯恩的名曲《哈利路亚》的演绎广为人知。巴克利生前虽小有名气，但却是死后因唱片公司把他生前未发表的歌曲全部发表出来才一炮而红。——译者注

日本人对季节的更替很敏感（日本有七十二个节气），而侘寂也与季节有关。我们无法逃避萧瑟的秋天和漫长的寒冬，我们要尽情享受生机勃勃的春天和繁花尽放的盛夏。当我们享受其中时，侘寂如同所有事物一样终将逝去。所有的事物都会褪色或损坏、枯萎、衰退，而侘寂就是要意识到万事万物皆如此。

那么，当你再看到某些残破或弯曲的事物时，请意识到蕴含其中的凄美。一切都在变化，一切均无穷尽，一切皆不完美，这一点在世上的万事万物中得以体现。

亚里士多德
关于"宣泄情绪"

为什么人们热衷于观看恐怖电影呢？为什么经典电影的剧情会让我们心碎得放声大哭呢？毕竟，我们从生理角度厌恶恐惧和悲伤，这能让我们远离狼群和孤独。那么，我们为什么愿意花费时间从这种情绪中获取快感呢？

公元前335年，亚里士多德在《诗学》一书中表示自己找到了答案，他将其称为净化[1]。

古希腊人尊崇"万事皆有节制"这一价值观，尤其作为一名理性公民更应如此。伟大的医师希波克拉底曾提

---

[1]可引申为通过艺术（尤其是音乐和戏剧）来净化或洗涤心灵之意。——译者注

出，一切疾病都是因我们体内的液体（也称"体液"[1]）不平衡所致。亚里士多德认为这一观点可以引申到精神世界，即我们也需要调整、平衡思想和情感。

那么，所谓净化就是体验一些强烈的、令人不愉快的情感，并将其排出灵魂之外的过程。在亚里士多德看来，悲剧就是实现净化最理想的媒介，因为悲剧引发的悲伤和恐惧有助于观众释放压抑的情感。

净化这一概念可以解释为什么大哭一场之后的情绪会好很多，或者为什么当我们倍感压力时选择长跑。这是宣泄情绪的一种方式，是一种安全又合理的缓解压力的方式。事实上，在希腊时期，这种净化的医疗手段被公认为效果显著，因此公民前往剧院观戏不仅不需要付钱，甚至会因为这项社会福利得到补贴。

亚里士多德解释了这种现象背后的理由，比起亲身经历一场悲剧，观看悲剧并且安全地将自己代入这些情感中显然好得多。欣赏一场舞台上的谋杀总比在现实生活中杀

---

[1]希波克拉底认为人体中有四种性质不同的液体，它们来自不同的器官。黏液生于脑，是水根，有冷的性质；黄胆汁生于肝，是气根，有干燥的性质；黑胆汁生于胃，是土根，有湿的性质；血液出于心脏，是火根，有热的性质。人的体质不同，是由于四种体液的比例不同。——译者注

人好。对普罗米修斯遭受的痛苦感到恐惧，要好过抨击你的朋友。

这种净化近来也饱受争议。在一些人看来，亚里士多德的方式仅能排除消极的或有害的情绪，比如恐惧、愤怒和怨恨，以此实现一种健康的情感平衡。

然而，另一些人认为这种净化可能抹杀一切情感。如果我们想到希腊哲学家费尽心思地将理性置于感性之上，或者将缘由置于情感之上（虽然亚里士多德本人并没有像其老师柏拉图那样厌恶感性），就会更加赞同这一看法了。

对如今的我们而言，有一个深刻的真理可以捍卫这种净化。我们都喜爱悲剧、恐怖片和幽灵列车。它们会让我们更畅快。因此，如果你的内心正在深陷压抑和不安，那么或许是时候接受一次净化，然后将压抑和不安全部宣泄出来。

康德
关于"优美感和崇高感"

　　暴风雨往往给人以骇人之美；在山脚下仰望高山，我们会肃然起敬，意识到自己的渺小；面对着浩瀚无边的大海，我们便由衷地心生向往。

　　伊曼努尔·康德将此类感受称为"崇高感"，并认为这是美妙至极的感觉。他认为所有事物都蕴含美感——优美和崇高。虽然这两种美感都能被众生感知，但是感知程度却限于自身和环境而各有差异。

　　从广义上来说，优美的特点是给人带来愉悦感，让人赏心悦目。崇高则更意味深长，更引人深思。馥郁芬芳的玫瑰、追逐嬉戏的羊群和带着晶莹朝露的草坪是美丽的。

鼻息如雷的野牛、遮天蔽日的巨浪和壁立千仞的悬崖则给予人崇高之感。

然而，康德的思考并没有就此止步，他认为这两种美感也存在于人际关系之中，认为人格也可以分成这两个类别。

我们或许都认识一些光鲜亮丽的人（优美的人），他们八面玲珑、一表人才，是欢乐聚会的焦点。虽然他们风流倜傥，但我们私下里也会认为他们是肤浅而轻佻的。

我们还认识一些崇高的人，他们高贵且坦诚。当我们需要意见和反馈时，往往会向他们寻求帮助。虽然他们言而有信、助人为乐，但我们有时也会觉得他们孤僻、古板，或许还有些无聊。在康德眼中，崇高是更优秀的人格（可能因为他认为自己的性格就是这样的）。

彼时，一帆风顺的康德开始有些得意忘形了。他将这一理论引申到对性别（女人是优美的，男人是崇高的）和国家与民族的描述中。显然，这一行为使他成为彻头彻尾的种族主义者。

法国是优美的民族，法国人是衣冠楚楚的"花花公子"，沉迷于寻欢作乐；英国人的形象则要好很多，既有操守又崇高；西班牙人因对新世界的"英勇……骇人"的征服而崇高；日本人被称为"东方的英国人"（真是非常有讽刺意味的恭维）。其中，"非洲的黑人天生就缺乏摆脱荒谬的信念"是最应该被谴责的种族主义的观点。每个民族都各具特色，如果了解了其全貌，我们肯定会乐在其中。当然，德国人一定是完美地兼容了这两个方面。

毫无疑问的是，虽然康德列举的很多例子在今天看来有些荒谬，甚至颇有冒犯的意味，但是优美和崇高之间根本的区别还是很具有吸引力。无论是置身于馥郁芬芳的玫瑰丛中，还是聆听着屋外的疾风骤雨，我们都可以按照自己的方式去欣赏这两种美。

叔本华

关于"音乐"

　　音乐具备一种魔力。它能让我们超脱自己，超脱我们的生活，从而将我们带入……何处呢？一个纯粹的、没有自我意识的、只有音乐和当下的世界。你是否注意过，我们用来描述音乐的语言时而会夹杂些许宗教色彩？那是一种不可名状的感觉；那是一种更宏伟的、忘我的感觉；那是一种难以用任何纯粹自然的和进化的词汇去描述的感觉。

　　这一切也为阿图尔·叔本华所熟知，他也曾写下很多文字，记录在音乐中所感受到的超凡、神秘。

　　大多数艺术形式，或至少其中一部分，都在描述事物。一幅图画、一张照片或一座雕塑描绘的是一个人物或某件物品。一部小说或者一场电影描述的是某种类型的人际关系。甚至，诗歌都是通过使用隐喻和象征的手法去探究某种事物。那么，音乐描绘的是什么呢？一位作曲家或音乐家谱曲的时候会发生什么？他们想要达到怎样的目标？正如叔本华所写："音乐……独树一帜。我们无法在其中发现副本。"音乐是属于自己的，音乐为音乐而存在。

叔本华认为音乐描述的不是这世上的万物，而是我们本身的表达，即多变的、努力的、不断追求的叔本华称为"意志"（详见本书第64～65页）的生命之力。音乐在我们的灵魂深处回响，因为那是我们最佳的、美丽的、艺术的、发自天性的表达。天性不仅是我们的，还是一切具有意志之生命的本质。叔本华认为对音乐进行调性的分解（例如，音乐中"完美的终止式"就是和弦先回到"主音"）会带给人极大的成就感，因为这一过程反映了我们意志的挣扎。分解音乐让人感觉很棒。

由此可见，叔本华看上去似乎有些忘乎所以。他提出，在四部和声的音乐中，每个要素分别对应着世界的一部分。低音对应的是矿物世界和科学的力量，如重力；男高音就是蔬菜王国；中音代表动物界；演绎主旋律的女高音就是人类向往无拘无束的自由和争取智慧启蒙的意志。

在叔本华的眼中，音乐就是一切。

因此，我们应该将自我和个性交付于音乐，从而成为一个享受"完整的幸福与平静"的"纯粹的、无意志的主体"。音乐是一种可以分解自我的对意志的逃避，能让你达到满足的一种超脱境界。

歌德
颜色论

除非你是一名艺术工作者，否则你可能不会去思考自身和颜色之间的关系。你可以通过思考下列问题试试看。

你更愿意被描述成粉色还是灰色？

你更喜欢哪种颜色的气味：紫色还是棕色？

红色与黄色的较量谁会胜出？

谁更适合做派对的嘉宾：蓝色还是绿色？

我们观察颜色看的不仅仅是其浓淡深浅，它们的表面还包裹着一层由联想、隐喻和情绪交织而成的网。颜色影响了我们对人生际遇的态度。而约翰·沃尔夫冈·冯·歌德是首位对颜色予以重视的学者。

歌德视其巨作《颜色论》（1810）为自己的最佳著

作。这本书试图呈现牛顿的光学理论，结果事与愿违，这本书成了一本解释颜色之于人们的意义的百科全书。歌德被认为是最伟大的德语作家。这本《颜色论》也同样辞藻华丽且富有诗意，描述了几种常见的颜色是如何引发不同的感受与联想的。

比如，红色给人以"华丽和庄重的效果"；黄色"使人平静、愉悦，给予人温和的兴奋感"；蓝色则"给人冷淡的感觉，让我们联想到阴影"。我们听说蓝色的房间会显得很宽敞，同时却"空旷而寒冷"。这一说法来自19世纪法兰克福的风水学说。

在英语中，我们只有11个基本颜色的专有名词（如绿色、灰色），其他描述颜色的词语皆来自呈现出这一颜色的物体。勃艮第红源自一种红酒，墨鱼黑源自乌贼墨囊喷出的墨汁，而琥珀色、绿松石色、红宝石色和翡翠色都源自珍贵的宝石。桃红色曾经只会让人联想到某种花朵，甚至连橘色都源自一种水果。从这个角度看，英文中大部分表示颜色的词语都是一种隐喻。因此，颜色与情绪产生作用，并且它们与曾经的用途的关联性都能说得通了。

不同的文化往往对颜色存在不同的区分。甚至在相同的文化背景下，两个成年人也许会对相近的两种色调产生分歧。你能区分深红色和猩红色、天蓝色和蓝绿色吗？6岁以下的孩子对颜色的辨识能力差得惊人。

　　因此，就连颜色都无法摆脱那些讨厌的哲学家们的魔掌。我们的大脑开始用情绪和感觉来识别这个世界的色调。我们经历的每时每刻一定会透过自己的色彩偏差得以呈现。

赫拉利
集体的神话

如果你仔细思考一下，会觉得钱是一种奇怪的事物。你用一张肮脏的纸从一位农民、药剂师或裁缝那里换来了一件实实在在的有用的物品。全世界都承认这样一个故事：一些纸张或几块金属的价值要远远超越它们的材质本身。总之，这可以称得上是一个集体的神话。

以色列的历史学家尤瓦尔·赫拉利在其著作《人类简史》中写道，这些神话是"智人"得以取得如今这些成就的决定性技能之一。

我们生活在一个后存在主义的世界。尼采曾呐喊：

"上帝已死！"萨特也曾端着水果鸡尾酒说："存在先于本质。"我们再也无法接受这个宇宙的构成中有任何绝对真理。在某种意义上，没有一种道德、宗教或者信仰不是建立在信念之上的，但这些依然是我们生存的支柱。在哲学圈外，虚无主义者和彻底的怀疑论者寥寥无几。这是为什么呢？

在赫拉利看来，原因就是创造和遵循"神话"是人性的本质。

这些神话司空见惯得有时会让我们很难认识到它们的本质，例如"国家"这个概念。国家的边界只是画在地图上的线条，而且这些线条更改的频繁程度远高于我们的认知。这些线条很快就会被那个决定哪里是一个国家的人重新界定或删除，而国家主义也是一个被杜撰出来的精彩的神话。一只小鸟难道会在乎自己是不是正从法国飞往德国吗？然而，就是因为有了这个神话，一个塞尔维亚人要冒着生命危险去救另一个塞尔维亚人。

接着，让我们谈谈金钱。这是集体神话发挥作用的具体的例子之一。我们几乎不会迟疑，因为我们所有人都对这个神话深信不疑。我猜你会接受用这张纸换更好的东西。

当然，也有不容易接受的神话。人权、宗教、政治意识形态，以及类似平等、民主和公平这样的思想均为神话。想要将这些神话保留下来，我们就必须一次又一次地去不断实现这些神话。

如果赫拉利的观点是正确的，那么我们得以实现这些神话的能力将使我们个人和集体取得成功。我们不仅有描述现实的能力，还有创造现实的能力。正因如此，我们才会团结合作、坚持不懈、共同进步。

荣格
关于"电影中的角色选择"

　　主人公从她的爱人身边醒来，但睡眠不足带来的困倦使她不愿睁开双眼。她看了一眼手机，发现她的父亲（她的看护人）正打来电话问候她。她没有接电话。在工作时间，主人公和她的老板（一个魔术师）正在开会。随后，与明显宿醉未醒的小丑和再次讲述自己远足假日的探险者一同吃午饭。当晚她回家，进入了阴影……

　　欢迎来了解荣格的人格原型！

　　瑞士心理学家卡尔·荣格是弗洛伊德的老朋友和追随者（虽然后来他们决裂了）。不过，弗洛伊德主要研究的是个人的无意识，而荣格则主要关注"集体无意识"。

荣格认为在所有的社会集体中都存在一种支配着我们行为的普遍结构。这些就是他所说的"人格原型"。简单来说，人格原型是一个集体赋予其成员许可的可接受并且可行的行为方式，与游戏中的选角界面有些许相似之处。

你今天要扮演哪个角色呢？是纯粹而天真无邪的少女、与自然界融为一体的动物、满腹经纶且周到体贴的魔术师，还是笑对整个世界的小丑？

荣格提出有十二种人格原型影响力极大，使人类永远都在将其具象化，并且深刻植入我们的故事、神话、歌谣和传统中（详见第208~211页）。例如，弗罗多[1]、哈利·波特[2]、艾莎公主[3]和卢克·天行者[4]皆为英雄；甘道夫[5]、邓布利多[6]、佩比爷爷[7]和尤达[8]是智者；彼平[9]、雪

---

[1]英国作家J.R.R.托尔金的著名长篇魔幻小说《魔戒》中的男主角，霍比特人。——译者注
[2]英国作家J.K.罗琳的小说《哈利·波特》中的男主角。——译者注
[3]动画电影《冰雪奇缘》中的女主角。——译者注
[4]《星球大战》电影的重要角色之一。——译者注
[5]《魔戒》中的虚构人物。——译者注
[6]《哈利·波特》中的虚构人物。——译者注
[7]动画电影《冰雪奇缘》中的虚构形象。——译者注
[8]《星球大战》电影中的虚拟角色。——译者注
[9]音乐剧《彼王正传》中的主角。——译者注

宝[1]和C-3PO机器人[2]则是孩子。

不仅如此，我们还将这些原型奉为神明去崇拜。洛基和赫尔墨斯是骗子；阿芙洛狄忒和维纳斯是情人。甚至在一神论的基督教中也有作为少女的圣母玛利亚、作为智者的天父，以及作为阴影的撒旦。

这里必须说明的一点是，本文所列出的人物原型常常出现于市场和流行文化中，在荣格的作品中并非能找到完全对应的名称。虽然荣格的确为其广泛的人格原型进行了命名，但与后来逐渐被广泛用于角色扮演的名称相比较，它们不够明确。荣格本人列举的例子也比较宽泛，不过那些例子也不会模糊到让现代的原型出现遗漏或扭曲的情况。

如今，我们和荣格的思想可以产生极大的共鸣。我们都认为好像真的存在预先设定好的行为举止，允许我们扮演的角色是十分有限的（尽管我们可能不赞同荣格提出的十二种原型）。从哲学的角度看，荣格是属于存在主义阵营的，并且和存在主义哲学家一样，他认为想要得到幸福

[1]动画电影《冰雪奇缘》中的主要角色之一。——译者注
[2]《星球大战》电影中的角色。——译者注

就要超越人格原型的禁锢，向"个性化"发展，这样我们才能忘记自己的角色。为了获得自由，我们必须在选角界面上塑造自我。

小丑
论"虚无主义"

  我们为那些无意义的事情投入时间、金钱和精力，这使人类变得荒谬。对于以下这类事情，我们都会认真对待。为了匆匆一瞥最爱的明星，一个粉丝可以在雨中等待数小时。为了得到1931年的魏玛合集，一个集邮爱好者愿意花费一个月的薪水。为了在上帝模式下击败终极怪兽，一名游戏爱好者会两天两宿不睡觉。可是，做这类事情的意义是什么呢？我们为什么要做这类事情？为什么会如此认真对待这类事情？

  由托德·菲利普执导，上映于2019年的电影《小丑》反映出一种直击我们人生意义的荒谬。在小丑的所有把戏中，最差劲的可能是小丑对虚无主义的嘲弄和挑衅。

  小丑所生活的世界中不存在任何价值观和信念，唯有混乱和毫无意义的统治。在他的眼中，人类和社会面对疯狂的无政府状态几乎无能为力。他说"只要感觉麻烦要来"，我们所有宝贵的道德和行为规范瞬间就会被置之脑后。同时，他看到了我们努力地去控制事物有多么"可悲"。

小丑看不到世界的秩序和任何可以自我约束的东西。他是"混乱的代理人"，坚信我们引以为傲的所有"文明"只是摆脱无政府状态的一种可怕的行为罢了。从心理学的角度看，只要经历一次创伤我们就会精神错乱。"疯狂就像地心引力一样，"他说道，"只需要一点推力。"

尼采为虚无主义思想奠定了雄厚的根基。他认为世界上不存在上帝与宗教，我们如浮萍一般生活在一种毫无价值的主观的空洞中。"真理"仅仅等同于权利。与小丑一样，尼采认为我们会一直处于感到困惑、不知所措的状态，并且"不断地陷入"这种虚无之中。对此，他的解决办法就是我们应该按照自己的主张去认同生命，或者如小丑所言："在这个世界，唯一明智的生活方式就是没有规则。"

小丑哲学的核心症结在于要想克服虚无简直难如登天。加缪在其1942年所著的哲学随笔《西西弗斯的神话》

（详见第61～63页）中曾建议我们以一种神秘而荒谬的玩世不恭的态度去对待生活。这与小丑的行为极其相似。小丑被迫接受了这样一个没有价值的虚无世界，并且说出："微笑吧，因为这比解释你为何伤心、难过更容易。"

尼采

关于"阿波罗与狄俄尼索斯"

你是否有过这样的经历：你坐下来欣赏一部电影或阅读一本书，而后猛然发现不知不觉中已经过了两个小时？有时你会陶醉于自己的世界中，忘记了其他的存在？

这就是弗里德里希·尼采所著的一部关于艺术与审美的重要作品中提到的"酒神精神"。

在参考了大量古希腊时期的著作和叔本华的作品后，尼采认为所有的文化与艺术皆可归为两种类型：太阳神精神（阿波罗）与酒神精神（狄俄尼索斯）。我们与生俱来的认知让我们欣赏这两种美，因而也反映出我们天性的两个方面（至于欣赏这两方面所能达到的程度是因人而异的）。

太阳神精神指向一切有着明确定义的、理性的事物。

蕴含着几何结构之美的建筑和展示优美线条的雕塑就是太阳神精神的典范：整洁明了、井然有序、条理清晰。就像解出来的数独、旧金山的金门大桥和人工智能的算法。

具有太阳神精神的人可能思维严谨、逻辑性强，比起小说他们更喜欢阅读课本，相较于艺术更热爱科学，喜欢事物井然有序的样子。

酒神精神则是混乱而不和谐的，与迷乱、热情与狂想相关。尼采认为：音乐这种能带给听者近于疯狂的空虚的魔力（详见本书第99～101页）足以代表酒神精神的最高峰。酒神精神等于三小时不间断地阅读、集中刷完网飞（Netflix）剧之后的麻木感和狂欢时的极度狂喜，存在于纯粹而强烈的现象中。

具有酒神精神的人或许缺乏条理、反复无常、放荡不羁，但是他们往往创意无穷、天马行空、急中生智。他们永远先行而后思，从不瞻前顾后。

在尼采看来，最纯粹而伟大的艺术是酒神精神与太阳神精神的结合，正如古希腊的悲剧所展现的。尽管如此，尼采更欣赏酒神精神，因为他认为这是生而为人的本质，是超越机械化抽象的感性。

把所有的艺术分成这两种类型未免过于简单（犹如

Buzzfeed网站的心理测试或者伪科学的"左脑与右脑"的争论），但是尼采的观点还是能给我们带来一些启发。我们在观赏芭蕾舞与牛仔舞的时候无疑会有不同的感受，在参观教堂和阅读一本书时也是如此。如果不考虑其他元素，酒神精神与太阳神精神这两个概念可以帮助我们从新的视角去欣赏艺术，这也未尝不是件有益的事。

阿多诺
关于"文化工业"

　　你是否曾在观看一部晦涩难懂的外语电影后，不禁会想："我刚刚到底看了什么？"你上一次观赏、阅读、聆听或观看陌生到让你感到不可思议的艺术作品是什么时候呢？文化占据了我们生活的很大一部分，与我们的日常密不可分，我们很难发现文化是多么矫揉造作。除了一些个例外，我们观看的每一部电影、阅读的每一本书都遵循着一个类似的形式或主题（详见本书第208～211页）。它们还建立了某些特定的道德规范和价值观，而我们甚至毫无察觉。

　　上述就是德国哲学家西奥多·阿多诺对"文化工业"的看法。他认为"文化工业"是危险的、压抑的并且索然无味。

20世纪初，全欧洲的马克思主义者一直在探寻一个问题：为什么无产阶级工人不起身摆脱掉压迫和剥削他们的资产阶级呢？马克思曾进行预测，但是所有的情况都变化不定。阿多诺对此的解答旨在强调现代文化创造了一种"虚假的意识"。

阿多诺认为统治阶级的文化工业卓有成效，以至于从根本上抑制住了所有革命的欲望。资本主义创造出了一系列神圣而不可侵犯的特定美德和价值观，并且通过一再宣扬资本主义谎言的电影、书籍和歌曲加以巩固与强化。这个谎言逐渐深入人心，并且成为大家默认的真理。甚至就连被压迫的人都对此毫无异议。

那么这个谎言究竟是什么呢？剥削阶级到底表现出了哪些"虚假意识"呢？阿多诺认为是马克思所说的"商品的拜物教"——以所使用物品的角度去看待一切价值的交换和整个世界，是一种（令人深陷其中的）思维模式和价值体系。这个体系所编造的谎言就是万事万物皆有自己的价格，而生命的本质就是自私与贪婪。

因此，每一部电影都在贩卖一位吃苦耐劳的男主角在激烈的精英竞争中大获全胜的"白手起家"的故事，每一首歌曲都在炫耀财富与奢华，每一本书都以昂贵的乡村别墅或者上流社会的生活为卖点，这些都在缓慢地、一点一滴地灌输这样的意识——价值来自财富，贪婪是美德。这些都是"文化工业"的一部分。"文化工业"压制、消除、驱散了任何一丝反抗的可能，将潜在的革命者变成了那些说"唉，我们也无能为力"的人。

阿多诺认为要想对此做出反抗就应该发起一场文化战争。对于文化，我们必须从商业手段中将其解放出来，并改造成最初的样子。艺术应该富有挑战性，具有反抗精神，可以给予人力量，而不是让人茫然、麻木，甚至丧失心智。艺术理应燃起我们心中的怒火，因为有太多需要我们感到愤慨的事情。

灭霸[1]
关于"生态恐怖主义"

　　如果你只有如下两个选择，请你仔细思考一下该如何抉择：要么去做一件极其邪恶的事情，要么任凭一件更邪恶的事情发生。你会怎么做呢？你是否认为邪恶的行为比更严重、更可怕的不作为更糟？

　　在漫威世界中，这是近乎战无不胜、永远离经叛道的来自泰坦星的灭霸（塔诺斯）所面临的困境。

　　灭霸经过长时间的思考，最终得出了一个悲伤的结论：生命就是一条通往死亡和痛苦的单行线。他指出：

---

[1]美国漫威漫画旗下的超级反派，初次登场于《钢铁侠》第55期（1973年1月），出生在泰坦星的永恒一族，实力极其强大，拥有无法超越的持久力、恢复能力和敏捷度。——译者注

"这个宇宙会终结。它的资源会枯竭。如果让生命放任自流，那么生命将不复存在。"

战争会爆发，孩子们会变得营养不良，整个宇宙都会陷入苦难之中。他的结论是："这一切需要纠正。我是唯一认识到这一点的人。至少，我是唯一愿意对其采取行动的人。"

灭霸有两个选择：他可以使用其超强的能力亲自消灭一部分生命，或者冷眼旁观，任凭所有的生命在令人窒息的地狱中枯萎、凋谢、死亡。

这个难题本质上就是一个新的"电车难题"[1]。菲利帕·富特于20世纪60年代提出了一个两难的困境：可以控制拉杆的你会让奔跑的电车驶向只有一个人的轨道还是五个人的轨道呢？

富特本人对此的解答就是新版的"教条双重影响"。早在阿奎那的时代，这一概念指：如果明知一个行为会带来不幸却故意为之则是错误的，但是如果可以预见其带来

---

[1]由哲学家菲利帕·富特于1967年发表的《堕胎问题和教条双重影响》论文中最早提出来，用来批判伦理哲学中的主要理论，特别是功利主义。功利主义提出的观点是，大部分道德决策都是根据"为最多的人提供最大的利益"的原则做出的。——译者注

的不幸，却无法避免，那么这个行为是可以被接受的。这个教条也叫间接伤害。

如此看来，灭霸的行为是错误的。他原本要除掉大部分生命的行为是邪恶的，而且是比袖手旁观任何一种不幸的情况发生都要邪恶。但是所有的难题都有如此明确的定论吗？

假如我们换个角度去思考，这个难题就是：规则与"更大的善举"，或者结局与"教条"之间的选择。杀死一只大肆咆哮、饥肠辘辘的饿狼要好于让其吃掉茶话会上的孩子们。如果仅仅打一个响指就能消灭地球上一半的生命，从而大幅提高余下生命的生活质量，这又有什么错呢？

那么，到底谁是对的呢？如果邪恶仅仅需要"好人袖手旁观"，那么灭霸就是漫威电影宇宙中唯一的好人。如果你获得了无限宝石[1]，你会怎样做呢？

---

[1]漫威漫画中的6颗虚拟宝石，分别控制空间、时间、现实、力量、心灵、灵魂。——译者注

日本美学

关于"留白"

我们很少会关注空白。比如，看这些文字的间隙和边缘。但是，如果没有空白，我们就会很容易发现空白。每个字母和单词的形状、物品都是通过其周围的空间呈现的。不仅如此，我们的每一个想法、每一段人际关系和每一种思维也呈现于我们对其所赋予的空间。

这就是日语中关于"间"（读音为ma）或所谓"留白"这一概念背后的思想观念。"留白"源自中国的道家思想，同时这一概念也是日本的典型思想，并且在20世纪70年代由建筑师矶崎新推广开来。

"间"指为了凸显和强调某些事物因而切断其与其他事物的连接而留出的空间。从设计学的角度看，这可以指两种形状之间的间隙。从绘画领域到室内设计领域，艺术家都会冥思苦想空白的位置。"间"这一概念也同样可以从哲学领域去解读。

在日本，通往寺庙的路往往都很坎坷，经常需要翻山越岭或经过崎岖的小路。这个在拜访之前理清思绪的过程被认为是必不可少的，即所谓创造思维空间。

日语的会话中经常会有很长的停顿且欲言又止，这不禁让在场的西方人略感尴尬。专心倾听和思考与分享你的观点或打破"不舒适的沉默"同样很重要。这些都是"间"的案例。

所谓"间"是指意识到空间和沉默本身蕴含着巨大的力量。一段完美的对话是我们停下来去倾听他人。如果我们肯花时间去反思我们所听到的事情，那就再好不过了。伟大的思想往往不会产生于双方面红耳赤的争论中，而是在片刻、几小时甚至几年的沉默之后出现——一个思想的种子开始生根发芽。而"间"就是滋养这些思想成长的水源。

如今，我们会用"心理空间"或"宕机时间"这样的短语，其中就包含了大量"间"的思想元素。但是"间"无处不在。正是空隙划分出了孔洞，正是间隙区分了个体与人群，正是因为有空白你才读出了这句话。"间"并非简单的缺失或空白，而是万物得以生长的花园。

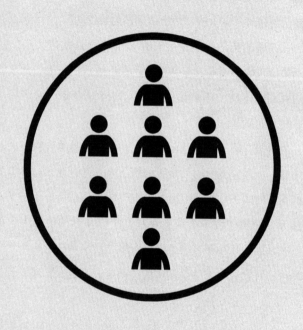

社会和人际关系
Society and Relationships

亚里士多德曾说，为人就是与他人共同生活。

我们所有人在生活中都免不了与他人建立某种联系。

我们都是别人的子女，同时是人类种族的一员。

此外，我们还处于介于这两种关系中的一切人际关系。

我们只能被动地在社会中生存。

这是我们与生俱来的本能。

社会关系到我们共同生存的方式，

而人际关系是人与人之间对待彼此的态度。

柏拉图
关于"真爱"

每个人都终将走向衰老。我们可以对抗、推迟、否认衰老，可是……我们曾经虚荣又骄傲地炫耀的一切都会衰败。因此，有这样一个问题值得我们思考：如果我们只在年轻貌美的时候遇到那个他/她，那么爱一个人的意义何在呢？我们曾用言语或行为向某人做出承诺时，那么当某人的身体完全改变时，我们会怎么做呢？

这就是柏拉图在他的著作中所思考的真爱的意义。

柏拉图关于爱情的理论基础来自他更宽泛的关于身体和灵魂的观点。在他看来，人类只是被困于或者被包裹在躯体之内的灵魂。

灵魂是我们最纯洁的本质，让我们得以超越这个堕落、虚假、虚幻的世界，思忖潜伏于表面"现实"背后的最真实、完美的现实（"形式世界"[1]）。灵魂是通往真理的窗户。

以此为基础，柏拉图认为爱情存在两种形式：一种是世俗的（或者低俗的）爱情，一种是神圣的（或者纯洁的）爱情。

低俗的爱情限于肉体，空虚而肤浅。它只是身体上的吸引、性的需求和欲望。它只有欢愉。然而，随着我们的肌肤松弛、头发花白，这种爱之光也会趋于暗淡。今天我们可能称其为迷恋和冲动。这是肉体之爱。

纯洁的爱情是对他人灵魂的认同，能看到他人最真实、最深刻的自我。这种爱情无关身体的变化，无论生活使身体的躯壳如何衰败，这种爱情将永恒地存在，忠贞不渝。这是一种对永远不会改变的本质的承诺。这是两个灵

---

[1]柏拉图原本说的是世界分为可见世界（horaton）和可知世界（noeton），可知世界也称为形式世界（world of forms）。可见世界就是可以通过眼睛和各种感官去把握的世界；可知世界是看不到的，是只能通过理性去认识的世界。可见世界中的东西都是会变化的，有生老病死，有流动，有朽坏，不完美，而且我们对这些东西的感觉总是包含着矛盾，同一个东西看起来可以既是大的又是小的，摸起来可以既是硬的又是软的。所以，对于这些东西，我们只能获得意见而无法获得知识。而可知世界中的东西，即型相或形式，是永恒不变的、完美的、不朽的，因此我们能够获得关于它们的知识。——译者注

魂的亲密相拥，是灵魂之爱。

如今，"柏拉图式恋爱"这一短语意为对他人的无性的承诺。在"柏拉图式恋爱"中，一方渴望看到对方幸福，并且要引导对方处于最好的状态。柏拉图的言论中并没有明确地表示要排除性欲。换言之，他理解的爱情要超越肉体，而性有时可以达到这一点。爱情可以通过身体赞美对方的灵魂。

因此，如果你已经年迈体衰、鹤发鸡皮，幸运的是身边有一个人对这些毫不介意，与你携手，那么请想一想柏拉图之爱。

真爱可能始于郎才女貌，却可以刻骨铭心；它能超越躯体，是两个流浪的灵魂的相拥与相随。

蒙田

关于"被误导的情绪"

今天真是难挨的一天。你被老板叫过去"谈谈",结果并不是件好事。你在喝咖啡的时候烫到了舌头。你忘记带雨伞,结果淋成了落汤鸡。你明显感觉到自己已经有感冒的症状了,因此你当晚回家后对你的丈夫大发雷霆。你因为一点小事就无理取闹、小题大做,你的丈夫感觉迷惑不解又伤心难过。

16世纪的法国哲学家米歇尔·德·蒙田对这种情况了如指掌。你正将自己的情绪发泄在错误的对象身上,而想要认识到这种行为的荒谬性首先就要意识到这种行为是错误的。

人类是一个情绪化的种族，而且会将所有的情感传达给世界。我们对某物或某人做出回应时，我们的愤怒、喜爱、恐惧、好奇等情绪就会随之流露。其实，有情绪就意味着会做出某些行为。我们的情感会要求我们，甚至强迫我们做某事。我们的情绪需要以某种方式宣泄或表达出来。如蒙田曾写下的，情绪需要"一个对象作为其表达和发泄的渠道"。

如果我们很爱一个人，我们就有义务去照顾和保护这个人。如果我们对某种存在感到恐惧，我们就会逃避或战胜它。

蒙田认为当我们没办法合理地表达情绪时，我们会自欺欺人，并且"创造一个错误或者假想的目标"作为发泄对象。我们甚至会在自己身上宣泄情绪。蒙田以气愤为例解释他的观点。他观察到我们非常频繁地将怒火发泄在没有生命的物品上。我们会猛烈地敲打键盘、烧掉出轨的恋人的衣物，或者用拳头击打墙（墙真的很无辜）。

普鲁塔克对我们的爱恋或喜爱的情感做过类似的观察。他看到我们之所以经常会对我们的财产或"不屑一顾的物品"产生强大的依恋，仅仅是因为我们没有更丰富的人际关系去释放这些情感。他认为，我们无法在人际关系中获取安慰的时候就会在所拥有的物品中寻求安慰。

如今，心理学家将这种行为称为"移置"，也就是我们将发泄情绪的目标从原本引发情绪的对象上转移开，如那个妻子通过与丈夫大吵大嚷来代替对她老板不满的情感宣泄。这个理论让我们更好地了解了我们的情感的运行机制。明白了这些道理，我们就可以避免过分沉迷虚假的偶像，并且在我们让最爱的人心痛之前及时阻止自己的错误行为。

格鲁希

关于"父母之爱"

我们的一切都可以在父母身上找到答案。你不必在维也纳捻着胡须、抽着雪茄去领会父母对你的影响[1]。他们教导我们认识世界，指导我们的言行举止，照顾我们的衣食起居。而最重要的是，他们一直在影响我们。没有人生于山石之间。人是群体性的生物。我们需要彼此。

正是通过观察这类简单行为让18世纪的法国哲学家索菲·德·格鲁希总结出了人的道德只有在与他人的合作中才能得以增加的论点。她表示，我们一出生就获得的爱塑造了我们整体的道德观。

---

[1]此处指弗洛伊德，他曾提出一个理论：童年时期的孩子与父母的关系会影响孩子一生的发展。——译者注

从我们来到这个世界的那一刻起，我们就开始依赖他人。没有照顾者的抚养、哺育和爱，婴儿是无法存活的。这个照顾者通常是父母，但也可能是乳母、亲戚甚至公务员。人类"注定彼此彻底依赖"。

这种行为的结果就是我们从一开始就知道人类"一生中美好的时光"都归功于他人，而且我们无法承受与他人分离、与世隔绝，或者对他人的喜怒哀乐漠然置之。我们在人生中学到的第一件事就是遇到困难向他人求助。因此我们很自然地与自己周围的人熟悉起来，而所有的同理心、品德和善良也都源自"从摇篮里"建立起来的依恋时刻。

亚当·斯密认为同情心源自利己心——我们将自己的心愿、欲望和感受投射到别人身上。格鲁希反驳了这一观点。在格鲁希看来，这种观点是对人类自身状况的误解。她认为我们出生的时刻也是与他人建立了联系与依恋的时刻，所以我们同情他人经受的痛苦和磨难。我们之所以会感受到是因为他们正在感受着。

那么，如果我们的道德观与同情心形成于我们最初的人际关系，那么这些关系的质量就会与我们的同情心成正比。换言之，我们在幼年与他人形成的依恋越深、联系越紧密、关系越亲密或者获得的爱越多，我们就越能同情他人。由此看来，所有的教育、儿童照顾法规和早期的社会化都应该致力于促进这些亲密的纽带形成。

格鲁希与很多女性哲学家一样，被淹没于历史的长河中。但从她的观点与作品中可以看出，她远远超越了自己所处的时代，发现了一个被现代心理学一再确证的事实：爱能创造爱；善意会塑造出善良的人；父母的关爱是成为一个完整的、成功的、幸福的、有道德的人的关键。

默多克
论"看到别人最好的一面"

我们在与别人见面时，内心总是背负着很多思想包袱。不仅有一大堆无意识的认知偏差持续地影响着我们的判断，还有我们遇到每一个人都会在心中留下过往的记忆、喜好和感受。我们可能会对某人说过的残忍的话记忆犹新，因此会小心谨慎、沉默不语。我们也许会觉得某人的嗓音引起了不适，因而选择与别人交谈。我们都有意或无意地将自己带入人际关系中。

这些就是英国作家艾丽丝·默多克在使用"关注"一词时劝告我们需要改正的行为。如果我们将这一想法付诸实践，那么无疑会给世界带来更多的爱与光。

虽然默多克的哲学思想比她的小说更为人所熟知，但是从她在这两个领域的成就中我们可以发掘出了解其思想的线索。她反对日益流行的道德相对论（即人与人之间的道德标准是不一样的）或以人为中心的是非观。相反，她认为人类了解并参与的一些道德事实是存在的。做出具有善意的、残忍的、慷慨的或自私的行为客观上就是做一件好事或坏事。涉及"伦理"的话题，默多克更喜欢用"视觉"而不是"选择"。这更像是我们开发出来的一种特殊的第六感——我们看见正确的事情，而不是做出选择。

那么，"关注"就是一种所有人用某种特定的方式去看待他人的道德能力，也就是看到别人好的一面。按照默多克的理解，"关注"某人就是"公正且深情地直视一个人"，是看过一个人所有的复杂性、过去的经历和怪癖，但只看到其中好的一面，是接受、包容、鼓励和支持一个复杂和完整的人。这意味着不要沉溺于消极的过去。我们不应怀揣恶意，或者袖手旁观；相反，我们应该心怀希望和爱，去"关注"他们。我们不应该带着任何评判的视角去看待他人。

想要做到这一点并非易事。默多克十分崇拜弗洛伊德，并且她也意识到要想摒弃我们自身的态度和偏见是多么困难。想要做到这一点，就需要她所说的"无我化"，即把自我挂在门口，把偏见留在家里。我们应将目光投向自身之外，而不是只盯着一己私利。

下次当你遇到某人的时候，请尝试一下默多克的"关注"。不要用以往的目光看待他，而是看到他身上好的一面。将他看成不会做错事、天性善良的人。看到他力所能及之处。站在他自身的复杂性中去看待他，体会做人不易。如果我们做到了这些，那么世界无疑会更加美好。

韦伯

关于"开夜车"

你又看了一下时间。现在是晚上6点半，而你的老板没有表露出一丝想要结束会议的迹象。为什么没有人对此提出不满？你已经给你的丈夫发送了信息，告诉他你会晚点回家。当你到家后，孩子们已经上床很久了。为什么你还在工作？最糟糕的是，为什么你会对想要离开的想法产生罪恶感？

对此，或许我们能在马克思·韦伯的著作《新教伦理与资本主义精神》（1905）中找到答案。

韦伯在这本于德国完成的著作中想要弄清楚为什么资本主义及其带来的繁荣和财富似乎仅在基督教且主要是新

教盛行的国家中深入人心。他认为这绝不是偶然的，而是新教为人们提供了促进资本主义生根发芽的某种工作伦理和生活方式。

源于新教的资本主义具有双重美德：

一、将一个人的世俗职业行为等同于净化或神圣之举，比如工作是我们神圣的职责。

二、反享乐主义或清教主义的金钱投资观，即积累资本，而不是花费在吃喝玩乐上。

《圣经》中的《新约》本身不足以解释资本主义精神为何崛起。呼吁我们"爱你的邻居"，并且做一个品德高尚的人与资本主义的"从（我们）自身的利益出发"（此话出自亚当·斯密）是相违背的。在涉及底线和利益时，资本主义思想以及从底线和利润看待事物的"经济角度"也并非人类默认的、天生的立场，否则其出现的时间要早得多。

韦伯认为新教，尤其是形成于16世纪的加尔文教向人们传输了唯有努力工作、参加劳动才能得到救赎的思想。加尔文曾提出只有少数人有资格进天堂，而且人们往往将财富与"上帝的选民"联系在一起。因此，大家逐渐认为工作可以确保自己得到救赎。

　　不久以后，生命的所有财富和价值便取决于你如何为工作打拼，你的事业有多成功。加班、让自己筋疲力尽成了一种荣耀和理想。如果你办不到，你一定会下地狱吗?!

　　我们今天仍然抱着这样的思想生活。我们会因为没回复邮件而产生罪恶感；我们不想成为第一个离开办公室的人；我们在面试的时候激情澎湃地喊着"我热爱工作！"。而且，很多的退休人士反馈说需要很长时间来适应不工作的状态。我们被自己从事的职业定义，而韦伯是早期提出这种思维模式是非常不自然的、全然被驯化的哲学家之一。不过，决定"新教工作伦理"的真与假，甚至好与坏的人是你。

杜波伊斯
论"双重意识"

比尔正怀着紧张又兴奋的心情走在上学的路上。今天是学校里所有小朋友交换卡片的日子！他紧张地拿着自己的卡片，小心翼翼地走向那个新来的女孩。

"给你卡片，利齐。"他说道。她匆忙地看了一眼卡片，然后抬起头看着他，脸上掠过一丝异样的神情。

她几乎看都没看就转过身去。比尔是黑人。利齐是白人。她是不会接受他的卡片的。

正是这个真实的故事启发了美国的社会学家和民权活动家W.E.B.杜波伊斯，他提出了双重意识这一有关种族哲学的重要理论。

杜波伊斯于1903年在吉姆·克劳主义[1]盛行时完成了《黑人的灵魂》这本著作。他提出，这种合法化的种族隔离以及白人文化和白人的隐性偏见意味着黑人被看作"第七个儿子"。黑人被视为美国最不起眼的种族，是低等民族，是异类。

杜波伊斯认为正是以上的种种因素使黑人形成了"双重意识"。黑人成了自己家里的陌生人、祖国的异乡人。他们受到人口占多数的白人的评判和定义。这就导致了"（黑人）总是透过他人的目光去看待自己"。

杜波伊斯曾写道："一个人总是能感觉到自己的双重性——自己是美国人，同时是黑人；有两个灵魂、两种思想，形成两种无法和解的斗争；两个敌对的理想同时存在于一个黑色皮肤的躯体内，而他凭其顽强的力量让自身不被撕扯得四分五裂。"黑人受到了两种拉扯：他既不想成为"非裔美国人"，也不想"用……白人的美国主义漂白自己黑人的血液"。

---

[1]美国统治阶级对黑人实行种族隔离和种族歧视等一套政策和措施。吉姆·克劳是美国剧作家T.D.赖斯于1828年创作的剧目中的一个黑人角色的名字，后来逐渐变成了贬抑黑人的称号和黑人遭受种族隔离的代名词。吉姆·克劳主义由此得名。——译者注

关于杜波伊斯对这种"双重意识"的理解，人们存在着一些争议。一方面，这种分裂的身份会产生存在焦虑，并且会阻碍活动家对进步、自由和和平的倡导。另一方面，这种思想让人们通过一种超然和崇高的视角去看待他们的社会，从而对自己所处的世界和所持价值观形成更深刻的认知。而且，超越这种双重意识所需的"顽强的力量"也许会让"（一个人）将双重自我融合成一个更好、更真实的自我"。

有人将这种身份的融合和消解看作形成黑人文化的某些方面的必要因素，比如哈莱姆文艺复兴[1]。

杜波伊斯本人从未真正对这种"双重意识"提出过任何一个解决方案或建议。或许，他认为这样做没有必要或者不能带来任何益处。尽管如此，这一思想仍然可以在当下得到共鸣。我们如何创建自己的身份并非一件理所当然的事，而且我们都应该意识到自己以何种方式将什么身份投射给他人和自身。

---

[1]又称黑人文艺复兴，盛行于20世纪20年代到20世纪30年代，是美国纽约黑人聚居区哈莱姆的黑人作家发起的文学运动。——译者注

沃斯通克拉夫特

关于"第一次女权主义浪潮"

赋予所有成员以权利肯定是为了社会整体的利益吧? 正如你想赢得比赛,就不能单腿蹦;你想接住球,就不能把手放在身后。那么,只用一半的力管理社会的意义何在呢?

这就是玛丽·沃斯通克拉夫特在捍卫女性权利时提出的观点。

人们将沃斯通克拉夫特视为典型的女性主义哲学家。她所处的时代环境是18世纪的英国社会,当时的女性被剥夺了投票权、法律和经济权利,以及受教育的权利。如今,她被视为当时所谓"第一次女权主义浪潮"的领军人物,她首先关注的是女性应当享有的平等的法律和政治权利。

沃斯通克拉夫特提出："让女性享有同样的权利，女性就会和男性一样优秀。"只要给予机会，女性一定能胜任工作。

虽然按照今天的标准来看她的理论似乎有些奇怪地以男性为中心，但是沃斯通克拉夫特很清楚自己的受众是谁。她总是谨慎地用道理和逻辑进行论证，而不是助长性别歧视者眼中英国常见的"歇斯底里的女性"这一刻板印象。

沃斯通克拉夫特指出，如果否定某种性别社会成员的智慧、美德和才能，那么社会的各方面都会变得更糟。如果女性仅服务于男性和家庭，那么我们便阻碍了自身的进步，就像一个引擎只有50%在运转。我们只需看看从她的时代开始女性在各个领域取得的成就，便可证明她的观点是否正确。谁知道人类已经错过了哪些发明和成就呢，因为其发明者被忽略、被埋没或未受教育？谁知道这样下去我们还会错过什么呢？

在政治上，沃斯通克拉夫特追随约翰·洛克的思想，认为责任与权利互为一个硬币的两面。在任何正常的社会契约（详见本书第378～380页）中都不应该指望女性在没有相应的权利下履行义务。否则，女性只是负重的牲畜而已。

因此，对女性的压迫本身就是不道德的，从功利主义的角度来看也是有害的，因为这种行为剥夺了社会最大生产力群体的利益。有哪个乔治时期[1]的男人会否定这个冷冰冰的逻辑呢？

---

[1]指英国国王乔治一世至乔治四世在位（1714年—1830年）时。——译者注

马克思
关于"阶级斗争"

　　银行家？哼！他们唯利是图。一切在那些有钱人眼中都只具有价格，毫无价值。他们就是造成世界上诸多不平等的罪魁祸首，也是我们更关注买东西而不是关注彼此的原因。他们是毒药，是寄生虫，是社会进步的障碍！

　　真是很现代的呐喊呀！不过，请把"银行家"换成"资产阶级"，这样你看到的就是诞生于19世纪普鲁士的卡尔·马克思的"阶级斗争"思想。

　　虽然马克思的思想经常被右翼曲解或诋毁，被左翼如获至宝般奉若神明（这两类人其实都没有仔细研究马克思的思想），但他的思想还是很值得我们去探讨的。

　　马克思认为资产阶级（也就是那些工厂老板、豪宅的主人，还有银行家们）是资本主义的化身，将世界视为其谋利的工具。他们掌控着生产要素，因此他们不出所料地把削减成本和提高生产效率作为一切的最终目标。

相反，"无产阶级"（工人阶级）则想要拥有更好的工作环境，更高的报酬和工作的满足感。他们不仅看到了超越底线的价值并为之奋斗，还渴望得到与资产阶级一样的生活水平（有一个有趣的细节：马克思认为资产阶级不一定永远是富有的，无产阶级也不一定永远是贫穷的，虽然事实往往如此）。

显然，由于这两个群体的目标相互矛盾，他们一定会发生争执。因此，马克思提出这两个群体间存在"阶级斗争"。更确切地说，这并不是指字面意义上的斗争，而是思想和文化上的斗争（事实上，马克思一生都推崇民主）。

马克思指出，资本主义废除了主仆或债主与债户之间的封建义务关系。虽然有着诸多弊端，但是在现代化之前的世界里人与人之间的联系至少是紧密的。现在剩下的只有毫无人情味的数字与贪婪。经济与生产已经让人变得冷漠、疏远，并且受官僚主义掌控。自从资产阶级靠拥有生产要素（和炮艇）掌权以来，他们便制定了这样的游戏规则——金钱与利润是王道。

不过，马克思又指出只要无产阶级能够认清"人也是商品"这一有害的神话，他们就会重获自己的生活并且掌控社会的意识形态。无产阶级可以建造一个更公正、更友好、更平等的社会，一个以人类为中心而非以利润为中心的社会。

在马克思看来，所谓斗争是消费主义与共同体之间的斗争，是企业与民众之间的斗争，是人力资源与人格尊严之间的斗争。简而言之，这不仅是阶级之间的斗争，还是人类精神的斗争。

孔子

论"归属"

有时，参与到一件事情中的感觉很棒。我们都希望有归属感，也很享受在一个系统中扮演自己的角色所感受到的集体感。人们一般都想知道自己在社会中的位置。社会都有哪些规则？我们又该如何表现？哪些行为是可以接受的，哪些又是不可以接受的呢？融入社会其实是一件自然而然的事。

礼是儒家思想的核心内容。儒家思想由中国古代哲学家孔子创立，是你能找到的最贴近世俗生活的思想。虽然这一思想不崇拜任何神明或超自然的存在，但是其本身还是具有一套为人所恪守的社会和伦理层面的哲学思想，以及严格规定的礼仪。礼，就是这样的礼仪。礼，可以被理解为"得体的行为"。而且，虽然"礼"这一思想本身带有宗教的性质，但往往应用于日常社交行为中。

儒家学者认为，世界上（既指客观存在的宇宙也指世俗生活）有一种秩序，而人们的成就感不仅源自对这一秩序的了解，也源自为其提供的服务。这个秩序创造了人类之间的一系列关系。礼则涵盖了与这些关系有关的所有积极行为，即促进团结的行为。

儒家思想和其他东方哲学往往更倾向于从整体的角度去看待人类本性。换言之，我们的身份和目的是根据我们与他人之间的关系来定义的。只有当与"女儿"、"朋友"、"父亲"或"邻居"这些身份一起出现时，"我"才有意义（这一点与本书第155~157页黑格尔的思想完全一致）。

礼描述了那些针对他人的行为，拓展了我们的身份，将我们投射到他人身上并与之建立联系。

在西方世界，我们对礼并不陌生。我们能感受到在唱诗班唱歌的快乐，载着祖母或外婆去购物的喜悦，以及从家庭、社区或祖国获得的自豪感。礼就是这些我们既不把自己放在第一位，也不让自己被忽略，而是恰好处于自己的角色的时刻或行为。我们愉快又满足地说着自己的台词，扮演好自己的角色，然后等待其他人依次加入。

我们是手表中的一个齿轮，是河流中的一滴水，是森林里的一棵树。我们被接受、被支持，而且我们属于……这样的感觉真好。

黑格尔

论"世界精神"

没有什么是可以独立存在的。每个事物和每个人的背后都有一些不可名状、一言难尽的经历。这些经历告诉我们事物出现的方式和原因。为了充分地了解某个事物或人，我们必须了解其背景、结构（或思想体系），以及其在所有时间里存在的意义。我们必须站在上帝的角度将所有因素看作一个巨大的、相互关联的网络。

这就是黑格尔所说的Weltgeist——不断演变和进步的万事万物间多样又普遍的关联。

黑格尔可能是过去两个世纪以来影响深远的哲学家之一，尽管他的思想往往令人费解。他的哲学思想影响了存在主义哲学家萨特、波伏瓦和克尔凯郭尔（黑格尔的反对派）。他开创了现象主义哲学思想，并由康德、胡塞尔

（详见本书第317~319页和366~368页）和海德格尔进一步发展。最重要的是，他的思想曾是恩格斯与马克思背后的驱动力，由此共产主义运动开始走向世界舞台。

支撑黑格尔理论的关键思想之一就是万事万物间的相互联系。他认为我们无法碎片化地理解任何事实、物品和人。一切事物都是相对于其他事物来定义，并与其他事物产生关联。比如，想一想这本书。为了完全理解其内容，你必须了解使其呈现出当前这般模样的背后的一系列故事。你必须看到将其印刷出来的印刷厂、决定出版这本书的出版商、创作了这本书的帅气的作者、培养了作者的机构、在背后支持作者的父母……如果你用这种方式去思考每个事物、每个地方，你就会开始理解黑格尔的Weltgeist这种近乎无限的可能。

其中"geist"这个词可以译为精神或思想，但这两种译法都不太恰当。大部分哲学家将Weltgeist称作世界精神。Weltgeist是万物的整体，而我们只是其中的一部分。Weltgeist是无处不在的，是将万事万物联结在一起的网。任何一种有限（或非永恒存在）的思想——你的、我的和其他人的——都在Weltgeist中发挥着微小的作用，并通过这种微不足道但是必不可少的作用推动Weltgeist前进。

自我实现、身份和归属感都源自认清自己在geist中所处的位置。

黑格尔因其强调公共的、共有的和社会的要比私有的、个人的和抽象的更重要而闻名。他说当我们意识到我们都是这个Weltgeist的一分子时，我们就会想要相互同化。一旦看到将自己与他人捆绑在一起的绳子，我们就会开始关注我们和他人的共同点。"我"是无法脱离"孩子"、"朋友"、"乡下人"或"人类"而存在的。我们因我们的关系而被定义。我们都参与其中，无人例外。

阿皮亚
关于"世界主义"

"世界主义"一词已经变得非常政治化了。在一些人的眼中，这个词意味着一个人类相互团结、彼此关怀和接纳的乐观的未来。另一些人则认为这是一种无视差异、寻求一致，并且企图将我们变成博格人[1]的危险的极权主义。那么，我们究竟该如何解读呢？世界主义是如此两极分化的思想吗？

当代英裔加纳哲学家奎迈·安东尼·阿皮亚认为并非如此。他通过一个超越我们的想象的微妙解释，毫不掩饰地为世界主义进行了辩护。

---

[1]《星际迷航》中虚构的一个宇宙种族，是作品中的反派。博格人生活在银河系的德尔塔象限，是半有机物半机械的生化人。博格人的身体上装配着大量人造器官及机械，大脑为人造的处理器。——译者注

"世界主义"一词可以追溯到启蒙运动时期，由康德和其之后的思想家提出，代表一种源自普遍理性与人文主义的人类之间的兄弟情义。全体人类无论身居何处，都有作为人类的尊严和价值。

阿皮亚正是采用这一观点为他所理解的世界主义进行定义。他的看法可以拆分成以下两个关键的观点：

一、每个人都对他人负有道德责任。没有人可以在道德上孤立存在，也就是说我们对他人有某种或多或少的责任。

二、差异很重要。对于人类，个体的多样性是至关重要的。我们的文化意识在道德上举足轻重"并不是因为文化本身有多么重要，而是因为人类很重要，文化对人类来说是重要的"。

第二个观点引用的这句话揭示了阿皮亚的思想的一个关键——多样性和差异性对人类个体来说是至关重要的，因为两者是对个性的赞颂。但是，两者并非至善。阿皮亚的上述两个关键观点是存在优先次序的，即第一点优先于第二点。那么，只要个体的差异性与个体对人类应承担的责任之间不存在冲突，个体就可以展现其多样性。简而言之，个体可以按照自己的意愿生活，只要在此过程中不对他人进行剥削和虐待。

对于世界主义思想，常见的批判之一就是世界主义会催生出一种非自然的公正。例如，比起我的家人，我更应该去关心叙利亚的难民。但阿皮亚对此进行了反驳。他认为只要个体具有某种身份、存在某种不同，就会对某个事物或某个群体产生偏爱。一个阿森纳的球迷就会偏爱阿森纳，一个天主教的信徒会去天主教堂，一个美国人会对其他美国人产生好感。这种"公正"会消除分歧，而这一巨大的负面影响（到现在为止）比我们对叙利亚难民应承担的道德责任更加重要。

每个人都有很多身份，甚至在一天之内我们就要在不同的身份之间转换。我早上可能是一个父亲，白天是办公室职员，晚上是漫威的狂热粉丝。在阿皮亚看来，只有当我们因为自己的身份自命不凡，或者用身份创造壁垒的时候，才会出现问题。想象一下自己的一个身份（比如作为法国人）比其他的身份（比如作为某人的姐妹）更重要。如果我们更关注人类共有的身份，我们就会发展出同情心与善良所需的团结和一致性。阿皮亚认为这就是所谓世界主义——一种在差异之外看到共同之处的意愿。

麦金农

论"不平等的规则"

　　有时，你所遵守的游戏规则是不公平的，这一点令人难以置信。想象一下，一场飞镖比赛中有一位选手需要蒙住眼睛，或者两个人的辩论赛中有一位辩手的发言时间仅为对方的一半。在这两个案例中，如果我们执行了法律条款或者游戏规则，那么这两个比赛本身就不公平得有些荒谬。

　　这就是美国学者、活动家凯瑟琳·A.麦金农围绕现代社会中女权主义讨论的看法。如果参与游戏的人本质上依然不幸地和那个游戏不相匹配，那么光有法律与规则是远远不够的。

　　从玛丽·沃斯通克拉夫特和伊丽莎白·卡迪·斯坦

161

顿[1]，到西蒙娜·德·波伏瓦和杰梅茵·格里尔[2]，再到如今的娜奥米·沃尔夫[3]和凯特琳·莫兰[4]，正是这些非凡的人物的努力使女权运动取得了巨大的成就。可是，麦金农认为以下两个问题仍待讨论：女权运动的最终目标是什么？仅在法律与政治上做出女权运动提及的改变是否足够？

根据麦金农的观察，许多女权主义的思想重心都在于将国家和法律机构作为某种客观中立的法律仲裁机构——男性与女性在我们所有的法规面前人人平等。可这样做的问题就在于，这样一个体系原本就是完全由男性创立并设计的。

这种寻求"法律之下平等"的运动最根本的错误在于女性所需要的不止如此。这种法律面前的平等对待没有意识到女性的脆弱、恐惧和女性因身份而遭受的拒绝，也没有考虑到男性对女性缺乏尊重以及没有给予女性足够的尊

---

[1]1848年，斯坦顿提出美国第一个要求妇女选举权的运动纲领。——译者注

[2]近代女权主义先驱，其代表作《女太监》名列西方七大女性主义著作之一，深深地影响了西方知识女性的思想和生活。——译者注

[3]美国知名女权主义作家，代表作《美丽神话》。——译者注

[4]《泰晤士报》专栏作家，曾与艾玛·沃特森一起录制谈话节目谈论女权主义。——译者注

严（比如他们对女性无偿劳动的态度）的事实。

为了证明上述的观点，请假设一个任何人都可以随意杀人和偷窃，且没有法规的世界。这样的世界无疑是"人人平等"的。不过，男性的确可以谋杀其他男性，但我们忽略了他们更倾向选择杀害女性的可能性。

简单来说，男性渴望自由是因为他们觉得自己是安全的并且受到了保护，而女性则需要保护，因为她们没有安全感且缺乏保护。

麦金农认为只要有一个签署人（女性）被剥夺了这种保障，社会中就没有平等的契约可言。正如她所写的"这种基于中世纪法律的地位分类是根深蒂固的"。我们是以男性为中心的极端父权体系的继承者。而且，无论我们就个人而言如何追求平等，万事万物都受到了这样的影响。

因此，麦金农的女权主义理论留给我们的挑战就是，平等是远远不够的。唯有男性与女性双方与体系相匹配，才会有平等可言。如果那些法规仅仅为某一类人而制定，规则和法律本身就不会保证所有人的公正。因此，我们要么确保法律可以体现人类所有的多样性和不确定性，要么在重要之处确保各方都是平等的。

伯克

论"观其待人而知其人"

我们几乎很少去思考礼貌的重要性。当然，礼貌是那么单调乏味，不能让我们从中受益，不是吗？为什么哲学会关心我们是否说了"谢谢"，或者我是否为一位年长的妇人让座，或者我是否在孩子面前说了脏话？这些都如系鞋带和挠痒一样平淡无奇、索然无味。

18世纪的爱尔兰政治家和哲学家埃德蒙·伯克却并不这样想。他将礼貌视为现代社会的重要方面之一，以及对政府和墨守成规暴君的一种必要的制衡。

伯克指出："礼貌比法律更重要。礼貌是法律的依据。"礼貌是社会得以运行的不成文的期望，也是我们与他人合作时的准则。它们无处不在，无论是在公共场所我们如何进食，还是在周末我们如何选择家庭影片。

伯克认为礼貌之所以如此重要是因为礼貌将责任交付于我们个体手中，并且告知立法者"哪些属于法律管辖的范畴，哪些属于仅需礼貌进行规范的范畴"。

我们并非一定要为他人开门，帮助陌生人抬行李，或者与一位母亲换座位以便她可以与自己的孩子坐在一起。但是，我们总是从自己的价值观出发去做这些事情。做这些事情如果变成了法律的要求，我们就会失去做这些事情的道德性和独立性。

伯克认为礼貌是我们置于政府之上的价值观和行为准则，是制约政治权威的力量。不仅如此，礼貌反映了政治机构运行需要的美德，是国家机器运转的石油。

丹尼尔·齐布拉特与史蒂文·列维茨基在其《民主国家是如何死亡的》（2018）一书中提到了这个主题。他们提出某些"准则"（也就是伯克的所谓礼貌）是自由民主得以运作的原因。他们列举了如下事例：对政治反对派的宽容（比如不非人化、贬损和妖魔化持有不同观点的人群），以及在不滥用制度赋予的权力时表现出的自我克制（比如修改宪法以维护自己的权利）。如果我们失去了这些准则或礼貌，我们将很难看到自由民主是如何实现的。

　　礼貌至关重要。因为，礼貌揭示了我们的价值观并且将责任交还于我们手中。如今，我们往往会认为立法和契约才是王道。但是，在伯克眼中，这些死板僵化，往往漏洞百出，远不及我们的常识。

阿伦特

关于"平庸之恶"

阿道夫·艾希曼曾经参与了历史上惨绝人寰的事件之一。他负责组织将犹太人驱逐出境并在德意志第三帝国的死亡集中营中杀害。因此，在他于1961年受审时，全世界都以为会目睹到他如恶魔的真容。可是，出现在人们眼前的却是一个有着米色皮肤，呆板、不起眼，说着陈词滥调的官僚。

汉娜·阿伦特是一个逃亡到美国的犹太人，她观看了那场审判，并且因此创造出"平庸之恶"这个短语来形容艾希曼和其他德国纳粹分子。

一个国家是怎样变成极权主义国家的呢？阿伦特认为需要发生两件事。首先，政府必须切断人民之间的联系，所有的社会纽带都必须被摧毁并且只有在此政权的许可下才可以建立。其次，必须存在被渲染成由危险的、黑暗的"另类"造成的恐怖和恐慌，比如外族人、共产党、犹太人。制造这种恐惧是为了让我们产生孤独感和无力应对的焦虑——我们需要一个强大的政权。

在这两个条件下，极权主义很容易生根发芽。一旦掌权，极权主义政府就会忙于把人变成可互换的经济物品或国家机器上可更换的齿轮，从而让公民的价值观来源于体系内。这就是艾希曼眼中的世界。他的一生都被他该如何为一个体系服务而定义。

此外，阿伦特在其1958年的著作《人的境况》中指出，圆满而有意义的一生必须具有三个要素：

一、劳动，即那些让身体正常运转的生活日常，如吃饭、睡觉、打扫。劳动并非附加于世界，而是对世界的维系和修复。

二、工作，即创造出人们能看到和欣赏的文化作品，是我们为共同居住的现实世界进行的创造和付出。工作可以是建造一栋房子、写一本书、打理一个花园。无论多么转瞬即逝的事都会留下痕迹。

三、行动，这里指的是在政治范畴中，通过与他人讨论来完善自己的想法。正是这一点使得我们（人类）共同赋予万物意义。更重要的是，我们将自己从一个可以被替代的"齿轮"（正如我们在劳动或工作时的状态）提升为一个独特的人。我们为自己正名，而不是成为一个数字。

阿伦特认为极权主义否定了人们的行动，因此剥夺了人们一切的意义。人退化为在劳动与工作之间往返的庸碌的蜜蜂。

艾希曼就是"平庸之恶"的代表，因为他只为劳动和工作而活。他从未质疑过自己，因为他已经被剥夺了获得自我的机会。他只能看到需要完成的目标和想到得到的晋升机会。这并不只是因为他在"服从命令"，而是因为命令已经成为他生命的全部。

宗教和形而上学
Religion and Metaphysics

"Meta"一词源自希腊，意为"超越"。

那么，"metaphysics"（形而上学）就是任何超越
落后或者高于现实世界的事物。

神、众神、天使、魔鬼、鬼魂和灵魂都属于形而上学。

其他诸如对与错、美、爱和意识也皆为形而上学的范畴。

宗教与形而上学涵盖了一切科学无法解释或触及的内容。
它们超越了现实世界。

肯迪
论"原动力"

千里之行始于足下，每一首史诗或小说都从第一个字开始，每一部交响乐都有第一个音符。万事万物皆有源头，万事万物皆有起因或存在的理由。

这个简单的论述体现了有关上帝的流行观点之一——宇宙论论证[1]。这一理论虽然起源于古希腊，但是在公元9世纪由伊斯兰教哲学家肯迪给予了最明确的表达。该理论的逻辑很简单：

一、万物的存在本身皆有缘由；

二、宇宙在过去某个时刻开始存在。

因此，宇宙一定有存在的理由。

---

[1]基督教哲理神学和辨惑学命题之一。该论证的特点是不像本体论论证那样从分析上帝的本质属性出发，而从确认宇宙或世界的本性出发。——译者注

人类的思维厌恶无法解释的事实，而且事物是随机或自发形成的这一观点与我们天生的直觉背道而驰。事物必有存在的理由，而且都有正当的起因或者可以像夏洛克·福尔摩斯那样进行推理论证。正因如此，宇宙也一定会有起因、创造者或者如亚里士多德所说的"第一推动者"。

现代美国哲学家威廉·莱恩·克雷格运用数学等科学进一步对这一理论的第二点进行了论证，使这一理论再次流行起来。

首先，莱恩·克雷格指出宇宙大爆炸理论已成为大多数科学家的共识，而宇宙大爆炸正是一个明确的"开始存在的时刻"，是宇宙真实存在的时间顺序上的"开始"。

其次，无限随机事件（即无起因世界所需的条件）的概念是建立在无穷尽的设想之上的。也就是说总是存在另一个"起点"或"在此之前"，一直可追溯到无穷尽。但是，在莱恩·克雷格看来，无穷尽这一设想并不符合逻辑。为此，他使用了"希尔伯特的酒店"的悖论来证明自己。

假设一家酒店有无限客房，而且住满了无穷尽的旅客。现在，假设又有一位旅客到了。我们可以将1号房间的旅客搬到2号房间，2号房间搬到3号房间，以此类推[1]来解决这个矛盾。这么一来，所谓无穷尽就不是无限的[2]，因而这个理论不成立。

另一个数学问题也可以为莱恩·克雷格证明。我们想象存在某种事物的无限集合。以仓鼠为例。现在，假设有一半的仓鼠是粉色的，另一半是黄色的。那么，有多少只黄色的仓鼠呢？无数只。有多少只粉色的仓鼠呢？无数只。一共有多少只仓鼠呢？无数只。那么问题来了，子集的数量与合集的数量相等，从数学上看是存在逻辑错误的。因此，莱恩·克雷格认为所谓"无穷回溯"（即宇宙是无法溯源的）这一论证方法在现实中是不成立的。

既然上述理论存在逻辑问题，那么唯一合乎逻辑的宇宙论论证方法就是宇宙必然存在一个起点。我们也许没法论证任何宗教中具体的神明是确实存在的，但是这个理论或许可以证明宇宙中存在"第一推动者"？或许我们更倾向于解开以下问题——到底是谁引发了宇宙大爆炸呢？

---

[1]这样一来，新到的旅客总是可以住到1号房间。——译者注

[2]所谓无限的也要有一个"1号房间"作为起点。——译者注

弗洛伊德
论"圣父"

我们从未真正长大。我们内心深处都住着一个不安、迷茫，常常感到害怕的孩子。我们害怕如此目无法纪的世界、冷漠无情的自然，以及造成这类问题如此普遍存在的所有人。我们仿佛一个孩子，没有温暖的手可以握住，或者没有父亲或母亲可以对我们说："别担心，宝贝，一切都会好起来的。"

奥地利大名鼎鼎的精神病学家西格蒙德·弗洛伊德认为，正是这种不幸福的状态令人类到处去创造父亲的形象以给予自己安慰。我将这样一个全能的、人形的、至高无上的家长称为上帝。

弗洛伊德指出当我们还是孩子的时候，我们都很无助且脆弱。不过，幸运的话，我们可以向我们的父亲寻求帮助（如今，我们可以以任何能给予我们保护的人代替男性形式的"父亲"）。随着我们长大成人，我们意识到我们的父亲和我们一样会犯错，甚至他们也会有无法解决的事情。但是，我们身上这种需要被照顾的感觉却没有消失。

早在混沌时期，人类就发现自然是我们无助的根源，大自然是冷漠无情的。因此，我们把自然人性化。我们将自然奉为一种宗教。这样一来，"我们就可以从自然身上夺走一部分力量"。我们表现出一种错误的对于变幻无常、冷酷无情的宇宙的掌控感。我们通过祈祷来治愈疾病，通过献祭动物来祈求风调雨顺，向神像唱歌以远离死亡。

可这还远远不够。我们需要更新、更优秀的、统一的上帝来扮演我们的父亲的角色：

首先，他能"驱除对大自然的恐惧"（别担心，"上帝在掌管一切"）。

其次，他能教导我们如何应对困难（"苦难净化你的灵魂，将你引领到上帝面前"）。

最后，他能补偿我们所遭受的苦难（不过，这个补偿不是冰激凌，而是我们能去天堂）。

宗教是最古老的实现愿望的方式。我们的"无助……迫使我们坚信一个父亲的存在，而且这个父亲更加强大"。宗教消除了我们对死亡的恐惧，将自然简化为"一种智慧的意图"，并且其善有善报恶有恶报的承诺构建出一种宇宙的正义感。一切都会好起来的：父亲（又一次）掌管一切！

有趣的是，弗洛伊德从未提出要"评估宗教教义的真假"，而是用精神分析法解释为什么宗教会受推崇，以及为什么我们会如此执着地信仰宗教。也许，世界上的某一种宗教是正确的。即便这样，在弗洛伊德看来，也无法抹消一个事实，那就是大多数信徒都把宗教当作对抗生活中的冷漠和恐惧的一种安慰而已。

佩利

关于"钟表匠"

　　你正走在丛林中，忽然发现一个奇怪的事物：一个用树枝和树叶制成的巴黎圣母院的仿制品。你对此会提出怎样的假设呢？你会认为这是掉落的树枝和奇怪的风偶然为之吗？你会觉得这是成千上万只早熟的蚂蚁完成的大工程吗？或者，你可能更倾向于认为这是出自一个才华横溢的工程师、设计师……之手？

　　18世纪的英国牧师威廉·佩利就因其关于上帝存在的目的论论证而家喻户晓。在佩利的故事中，一个人在散步的时候偶然发现了一块手表，这个人只能假设有一个钟表匠制作了这块表。突发事件或奇怪的气候状况是无法提供创造出如此复杂、精细的物品的条件的。这块手表必须出自一位能工巧匠之手。

这一类比也可以应用于我们的宇宙。宇宙复杂得让人眼花缭乱；我们可以观察到恒星的引力弧、庞大又复杂的生态系统、离子化学键和线粒体的能量转换。宇宙就像一块无比复杂的手表，却运转得如此和谐。

佩利的类比让我们不禁发问：如果复杂、精密的事物需要一位能工巧匠，那么我们为什么不能对复杂的宇宙做出同样的假设呢？毕竟写作书籍需要作者，艺术创作需要艺术家，产品设计需要设计师。

这样的目的论论证（由某事物的目的或设计而引发的论证）就是一个溯因推理（又称反绎推理）的例子。这种推理只需要我们寻找任何问题或观测中最简单、最直接的答案。

复杂的事物需要设计——要想改变我们的这一自然推理，需要刻意且与我们的方向相反的努力。正如荒野中的手表一样，宇宙具有精密而完美校准力量的组织系统，这一切显然需要一个才华横溢的设计者——上帝。

休谟

论"邪恶"

请想象一下你要创造一个世界。你掸了掸手上的浮尘，卷起袖子，准备好你的工作区域。你在自己的世界里安放了郁郁葱葱的花园。你用耀眼的星系点缀星空。你创造了霞光万丈的夕阳和没有羽毛的两足动物——人类，令人类谱写优美动听的交响乐……到目前为止，一切顺利！干得漂亮！

接着，你闷闷不乐地起床了。于是，暴怒之下你向世界投放了瘟疫、饥荒、战争与死亡。世界变得相当黑暗。

在你看来，到底是谁应该为这个世界上的不幸负责呢？这就是"邪恶的问题"。

虽然早在古希腊时期伊壁鸠鲁就对邪恶的问题进行过

讨论（详见本书第314~316页），但是该问题在启蒙运动时期的苏格兰哲学家大卫·休谟那里得到了极好的阐释和更多人的认同。

问题如下：如果上帝无所不能（全能）、无所不知（全知），那么当他无视甚至创造这么多可怕的、不公平的、残忍的邪恶事件时，他怎么可能是博爱的和仁慈的呢？

一个宣称爱我们的上帝怎么可能会容忍大屠杀存在呢？一场可怕的火山爆发哪有仁慈之处呢？为什么仁慈的上帝会创造出一只小象却又眼睁睁看着它逐渐虚弱，饥饿至死？当达尔文目睹一只寄生蜂从寄主体内将寄主吞食后，他显然不再信仰上帝。

如果上帝并非全能，那么这些事情是情有可原的。也许上帝想伸出援手却力不从心？或许，他对此一无所知？但是，如果像一神论宗教所说的那样他是无所不能的，那么他必定要为此负责吗？

邪恶可以分为两种：自然的邪恶（比如地震等自然灾害、大流行病或寄生蜂这类自然界中残忍的生物）和道德的邪恶（由人类自由意志造成的，例如折磨他人或谋杀）。这两种邪恶都会引发相应的问题。

如果是第一种情况，那么为什么要创造出一个满是瑕疵的世界呢？如果是第二种情况，为什么要创造出不稳定的，具有人性和自由意志的人类呢？问题在于"古典有神论"（基督教、伊斯兰教和犹太教）中的上帝都是全能的，而世界"本可以"不是这样的，因为上帝可以随心所欲！那么，难道他想要邪恶吗？是他故意创造出容易犯错、犹豫不决的人类，并且对人类可能的所作所为心知肚明吗？

关于这个问题的答案被称为"神正论"（亦称"上帝正义论"），主要表现为三种形式。第一，有一种观点认为邪恶仅为脆弱的人类的自由意志的产物。第二，也许邪恶的事情可能在传递某种意图，比如向我们传授智慧或给予我们成为善良的人的机会。第三，或许上帝在本质上单纯地认为这就是他"可能给予的最好的世界"，而我们总有一天会明白他有着怎样的计划。

笛卡儿
关于"用逻辑证明上帝的存在"

完美的事物（需满足的条件）
1.理想化的
2.无法挑剔的
3.必须存在的

一位逻辑学家走上舞台，用洪亮的声音向场下的观众提问："谁有三条边的图形？"一位坐在前排的男士举起了手。逻辑学家夸张地挥舞着手臂。

"急急如律令！我给你一个三角形！"

观众嘟嘟囔囔起来，并且感到无聊透顶。

还有一位逻辑学家，17世纪法国的勒内·笛卡儿，甚至进行了更大胆的尝试：他用同样的逻辑试图证明上帝的存在。

笛卡儿一生都致力于建立只可以通过理性来证明的真理。因为，在他看来，所有基于感觉的"真理"都是可疑的。例如，也许我们这一年都在幻觉中度过，或者我们所看到的一切都是电脑模拟出来的呢？笛卡儿认为这样不可以，凭借理性会可靠得多。

众所周知，他的"本体论论证"是一种使用"分析真理"对关于上帝存在的一种先验论证（即根据理论推演而非经验观察的论证方式）。

就我们的目的而言，分析真理指的是一种定义为真的陈述。举个例子，如果我指的是一只雌性的狐狸，那么我说"雌狐"从分析上看就是真的。

笛卡儿理论成立的一个关键前提就是，我们脑海中都有一个关于"完美的至高无上的存在"的构想。这样的存在如果不存在就不是至高无上的完美。如果一个完美的存在只是一种构想而非真实存在，那么它就不可能是"完美的"。如果没有三条边，你不可能得到一个三角形。那么，如果一个存在不存在，你就不可能得到一个完美的存在。

毫无疑问，这种论证方式是需要技巧的，以至于美国哲学家阿尔文·普兰丁格曾说这种论证方式"乍一看好像在耍语言上的花招或在玩文字游戏一样"。据说，有一天伯特兰·罗素骑着自行车突然大喊道："上帝啊！本体论论证是正确的！"

……5分钟之后，罗素发现了这个论证方式的错误之处[1]（不过，这过于复杂，不适合再次展开解释）。但是后来他成了一个天才。

---

[1]罗素在自传里回忆自己年轻的时候一边骑自行车一边思考这个论证方式，因为深深折服于其强大威力，以至于差一点从自行车上摔下来。——译者注

费尔巴哈
关于"人类形象的上帝"

一些理疗师常常会进行这样一种练习：他们会让你面对一张空椅子，和一个想象出来的人物或某个时间的自己展开对话。你会对过去的自己说些什么呢？你有什么话想对你丈夫说，或对学校里的那个恶霸说？这种宣泄与表达的治疗效果是相当显著的。

但是，假如人类已经对着"空椅子"进行了上千年的对话呢？如果宗教实际上只是我们一直以来投射和理解人类处境的一种方式呢？这就是19世纪德国哲学家路德维希·费尔巴哈所探讨的话题。

费尔巴哈认为，成为人的一个关键因素就是他的所谓"物种意识"。这是一种不仅要将自己视为日常生活中的个体，还要视自己为伟大、强盛的人类的一部分的能力。

我们不但都能意识到集体的成就和人类的能力（既充满才华又让人望而生畏），而且为自己与其之间的关系感到既骄傲又压抑。

这种意识让我们感到虚弱渺小、毫无价值、自我厌弃。我们对其他同类的伟大成就了如指掌……可是，我们究竟都做了什么呢？马丁·路德·金的英勇无畏让我们自己的懦弱响彻心扉；爱因斯坦的旷世奇才让我们觉得自己冥顽不灵；弗洛伦斯·南丁格尔的孜孜不倦让我们为坐在沙发上的自己感到羞愧难当。我们对同类的了解使我们的日常生活变得苦涩无味。

因此，费尔巴哈认为人类将这些人的属性投射到了上帝的模子里。回顾历史长河，我们发明了战神、繁育之神、智慧之神……所有这些都是我们自己的"物种意识"投射或拟人化的表现。我们将自己所属物种的伟大外化表达，从而创造了人类形象的上帝。

这样一来，每一个个体都会感到更安全、更重要并且更自豪。在一个形而上学的存在面前，个体的失败就变得不那么刻骨铭心。上帝成了个体消解"空虚和孤独的惆怅感"的慰藉。

费尔巴哈不认为自己是一个完全的"无神论者"。

但是，他无疑反对一些宗教中形而上学的说法，比如来世或灵魂。在他看来，如果我们可以抛弃那些迷信的繁文缛节，我们就可以拥抱一种对物种的真实的崇拜，也就是今天我们所说的"人文主义"。

　　这样看来，虽然治疗师的"空椅子"对于消解个人的痛苦行之有效，但是费尔巴哈认为我们不应该自我欺骗……毕竟那只是一把空椅子而已！

帕斯卡

关于"在上帝身上押注"

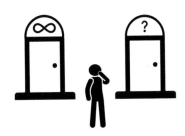

如果我给你免费的赌注可以让你有机会获得一笔财富，那么你不会拒绝，对吧？如果你只需要说几句话就有机会去往永恒的天堂，那么这也未尝不是一个划算的交易，对吧？

17世纪的法国哲学家布莱瑟·帕斯卡就对以上问题持肯定意见，并且他认为我们都应该因此而信奉上帝。

帕斯卡赌注是关于上帝的著名论证，帕斯卡用博弈论来证明我们应该信奉上帝。其论证过程如下：

我们面前有两个选择：一、信奉上帝；二、不信奉上帝。

一、如果我们信奉上帝，并且他确实存在，那么我们就会得到永生和去往天堂的机会。如果我们信奉上帝，但是他不存在，那么什么也不会发生。我们只是会逝去而已。

　　二、如果我们不信奉上帝，而他确实存在，那么最好的情况是我们在无意识的永恒中腐烂，最坏的情况是我们会遭受地狱中的无尽折磨。然而，如果我们不信奉上帝，而且他也不存在，那么什么都不会发生——与我们信奉上帝而他不存在的结果相同！因此，信奉上帝会有什么损失呢？为什么不下赌注去信奉上帝呢？这真的是双赢的结果。

　　根据博弈论和某些概率论模型，我们将押注带来的"潜在的回报"与其带来的损失相乘，便可得知这次押注的结果是好还是坏。只要上帝存在的概率不是零（也就是逻辑上不是零），那么任何"永恒的天堂"的潜在回报乘以哪怕微乎其微的概率也是一次不错的押注。（这种计算方式在博彩圈被用来计算"期望值"。）

　　帕斯卡将其简单地总结为"你没有任何损失还能获得永恒"。这简直就是通往天堂的免费押注！

　　不过，关于帕斯卡赌注，鲜为人知的是帕斯卡还认为在地球上有信仰是可以为现实生活带来益处的，比如有关生存的幸福感和归属感。

对于那些提出"这根本就不是真正的信仰！"的质疑者，帕斯卡给予的回复可以简单地理解为"由假到真"。例如，通过履行一些宗教礼拜仪式来假装自己是一名虔诚的信徒，总有一天你会真正地去信奉宗教。

那么，就让我们读经、唱诗，并且每晚向上帝祷告吧。只需每天花几分钟你就会得到有史以来最好的赌注。

马克思

论"给人民下药"

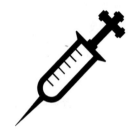

当一个小孩子暴躁、发脾气或不舒服的时候，一个经典的安抚技巧就是转移他们的注意力："哇！快看那个亮闪闪的东西！"难道成年人就会有所不同吗？我们就不会被轻易误导吗？魔术师能轻松地做到误导人，这似乎暗示了我们也的确如此。卡尔·马克思也这样认为，而且他认为宗教就是有史以来最大的误导。

马克思认为有组织的宗教是统治阶级（资产阶级）意图让工人阶级（无产阶级）原地踏步的工具。

要想达到这一目的需要两步。首先，宗教给驯服、顺从和温顺的人以死后可去天堂的承诺，同时对那些对抗与反对的人以地狱相威胁。

其次，宗教更像是一种用来麻痹无产阶级的药物，使无产阶级对自身的痛苦一直处于麻木状态，因而满足于自己悲惨的命运。他们唱诗、焚香、祷告，这些活动让他们无暇质疑这个世界的秩序有多么不公平，变得畏缩不前。

虽然马克思对于宗教的态度没有列宁后来的态度那么刻薄，但很显然他认为"人类将宗教变成了"服从的武器，而"废除作为虚幻的幸福存在的宗教是他们追求真正意义上的幸福的需求"。也就是说，如果我们摒弃存在神圣的法官这一概念，以及愉快地去强化"富人住在城堡里，穷人在门口"这种想法的赞美诗（摘自《万物有灵且美》[1]），人类便终于可以审视自己和世界上的不公平现象了。

如果根本就不存在未来的幸福和天堂里永恒的幸福，那么我们为什么要忍受这世上的死亡、贫穷和反乌托邦式工厂或狄更斯笔下的济贫院中的悲惨生活呢？接受宗教就是否定自己可以得到更好的生活。

毫无疑问，宗教为无数人带来了安抚感、生活目标和心理慰藉，但是马克思所提出的质疑是，信仰宗教的代价是什么呢？

---

[1]英国国教的一首赞美诗。——译者注

贝克莱
论"看不见的东西"

如果森林里有一棵大树倒下了，却没有人听到声响，那么它倒下的时候是否有声音？要是根本就没有人或事物听到，这棵树倒下的声音是否存在呢？我们可以想象出没有听到的声音吗？你能想象出一个看不见的事物吗？现在就试一试。你脑海中出现了什么，具体是什么样的呢？

这就是18世纪爱尔兰哲学家乔治·贝克莱的唯心主义思考方式。

哲学家通常天马行空，唯心主义也是天马行空的。唯心主义起源于一个挑战——试图向自己或朋友证明事物存在于你脑海之外。

你首先会做的可能是触摸或指认给他们看。"看，就在那里！我能拿起来，踢得到呢！"

但是，这在贝克莱看来并非足够充分的。的确，你可以通过多种方式去认知事物，但是这些方式都无法证明哲学家所说的"客观事物"。你看见一只鸭子并不能证明确实存在一只鸭子。你所能证明的只是你感知到了一个看起来像鸭子的事物。

我们的知识总是受限于我们的体验。我们无法超越我们的体验。你所说的一切都可以加上"至少在我看来是这样"的告诫。幻觉只是证明"事情看起来是怎样的"，但不等于"事情就是怎样的"的一个例子。你和你的鸭子之间总会有一个无法逾越的鸿沟。

贝克莱运用了一个巧妙的论点（他将这个论点夸张地称为大师论点）来对其观点进行深入论述。这个论点让我们去想象出我们都认为支撑着宇宙万物的却无法看见的物质……但是，我们无法做到。

想要想象出某个事物，我们总是需要以往的体验。我们能想象出大树倒下的样子，是因为我们曾经见过一棵树。可是，你能想象出一个完全不能用感官感知的东西吗？

让我们试着构想一下我们无法看见的"外在物质"，

你想到的是什么呢？我自己想到的是一个摇摆不定的灰色斑点，就像棉花糖一样。可那是棉花糖，不是我们无法看见的物质。或者你可能想到学校的科学教室墙上挂着的原子示意图？可那是海报，不是物质。

我们无法构想出"物质"，因为我们仅仅知道并且只能构想出我们已经体验过的事物（这一点也称为"经验主义"），所以显而易见的是，我们无法体验没有体验过的事物。

最后，贝克莱认为我们只能证明两件事物的存在：有感知体验的自己和自己所体验过的想法。无论如何，我们都无法证明万事万物独立于自己而存在。这就是所谓"唯心主义（idealism）"〔换成"思想（idea）—主义（ism）"更为恰当〕。

如果有人对你说哲学没有意义，你就严肃地对他们说你能看到他们算他们走运。没有你，他们根本不存在。

休谟

论"奇迹"

如果一个朋友告诉你他看到了鬼魂，你会怎么回应呢？你会点点头，认为他说得有道理？还是你会对他说他一定是看错了，而且你一定还有别的解释。

大卫·休谟在其1748年发表的文章《论奇迹》中的立场就是后者。

奇迹是违背自然法则的事物。飞天扫帚、顽皮的吵闹鬼（指幽灵）和复活的尸体都违背了自然法则，因此皆为奇迹。

我们所熟知的法则是根据人类长期而广泛的经验所确立的。人类用几个世纪的科学方法和几千年的观察经验使这些法则得到了证实与理论支撑。成千上万来自五湖四海的人夜以继日地观测，确认这些法则。因此，休谟提出，难道因为某位阿姨"奇迹般地"治愈了关节炎就可以证明这些法则全部无效吗？

从本质上看，休谟的论点所讨论的是概率的平衡。对于我们可能经历的每个奇迹般的事件，我们有两个选择：要么对其进行否定，认为其在某种程度上是错误的或者暂时无法解释的；要么……我们重新创造一个体系来认识宇宙。这么做似乎过于烦琐。

关于奇迹的解释，总是由很少一部分人去反对另一种解释——自然法则。感受到重力的人要多于悬浮的鬼魂。绝大多数的人都是通过药物和白细胞来治愈疾病，而不是神奇的小饰品或咒语。

显然，奇迹与大家广为接受的日常经验相违背，否则就不那么神秘了。奇迹就是歪曲科学的存在。因此，当我们再看到一个"奇迹"，我们或者去思索其他的解释，或者在极少情况下使用科学理论（详见本书第257～259页关于范式转换的思维方法）。无论在哪种情况下，奇迹都不再是奇迹，而是同化为我们对世界的理解（就像爱因斯坦的相对论或者麦克斯韦的电磁学一样）。

休谟进一步论证了为什么关于奇迹的解释会被否认。

奇迹之间可能互相矛盾，风马牛不相及；而且，它们往往源自一个可能另有所图的"可疑人物"。对于这些因素，我们都要加以权衡，一旦遇到不可能发生的事情也应如此。

那么，当你的朋友再对你说他见过鬼魂，你会回答"太神奇了！"还是冷冷地俯视他说"我拒绝相信你的话，因为根据所有的自然法则，你的话不可能成立"呢？

老实说，休谟居然还有朋友，这真是个奇迹！

斯宾诺莎
论"我们皆为上帝"

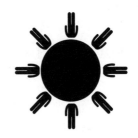

　　宇宙的基本力量必然是一些我们认为最不值一提的天经地义的东西。它们就像组成万物的晶体结构。所有可能存在的东西都被这些力量捆绑纠缠在一起。人类只是这个结构中的一部分，就如深海中的鱼、远在数千个星系之外的声波和星尘。我们都因这些力量聚集在一起。

　　这样的宇宙观很好地解读了巴鲁赫·斯宾诺莎的"一元论"，即宇宙中的万物都是一种事物。

　　斯宾诺莎是荷兰启蒙运动时期的唯理论者，其思想与笛卡儿的思想一致。从斯宾诺莎的大部分作品中可以看出，他试图将笛卡儿的观点进行更全面的总结。笛卡儿认为世界由三种实体构成：精神实体、身体或物质身体和上帝——构成现实的非创造性的必要存在。

然而，斯宾诺莎认为如果存在我们能轻易地完全理解的事物，那么该事物一定与我们存在某种联系。我们能理解事物的前提是我们与这些事物产生了联结，成为其中的一部分。这就类似于我们试图想象另外的维度（比如蛋糕、梯形或无意义的多音节词这类不够完善的类比）来理解某些事物，我们是无法理解的。因此，想要理解精神与上帝这些"单独的实体"，我们必须成为其中的一部分。

在斯宾诺莎看来，对此唯一的解答就是自然中的一切都具有相同的基本物质，包括我们的思维。这种物质可以呈现出不同的形态（也就是他所说的"模式"），但是万物在本质上都是一样的。这么看来，我的意识、一只蚂蚁的感知、一束光的射程、一滴水，以及半人马星座的阿尔法星上的外星人都是这个唯一的物质的不同形态而已。这就是所谓"一元论"。

爱因斯坦十分喜欢斯宾诺莎的理论。因为斯宾诺莎的理论不仅涉及现代科学，还将这种一元论的本质等同于上帝。他将一元论的本质称为"上帝或自然"，并且认为对所有存在的基本统一的理解就是一种"对上帝的理智的热爱"。

斯宾诺莎指出，我们越从细微的角度去思考宇宙的运行，就越能将自己的思想与上帝或自然相统一。这就是基本力量如此不可思议的原因。你越去思考基本力量，事物就会变得越抽象，我们也会显得越渺小。我们脆弱的自我偏见会让我们不由自主地从我们狭隘的角度去看待事物，因而让我们将自身与其他的事物区别开来。

在斯宾诺莎看来，这种自身的限制和不稳定性总是让我们无法了解到事物的全貌。但是，令人吃惊的是随着我们的年龄增长，我们学习了更多的科学知识，对事物进行了更多思考，我们就会越来越多地发现万物之间的关联。我们开始从局部看到整体。当局者迷的我们事后才会领悟到万事万物原来都有千丝万缕的关联。

禅宗
关于"公案"

很久以前，一位禅师遇见了他的弟子，于是对他说："如果我看见你有一根权杖，我会把它交给你。如果我看到你没有，那么我会把它从你手中拿走。"

请再读一遍这个故事，并且花些时间去思考一下。不要立刻将这个故事视为无意义的废话而不去理会，而是让它在你脑海中反复回响。不断重复这个过程，静候你的答案。你不会因为做出正确的回答而得到加分或褒奖，也不会因为错误的回答而受到惩罚。你的任何一个答案、你对所有问题给出的答案，都属于你自己。

你刚刚体验了一个著名的包括佛教禅宗元素的例子：公案。

虽然佛教在西方和其发源地东方有很多不同的门派，但是佛教的核心理论就是让我们意识到，我们所认为的现实只是虚幻和幻想。佛教中的各种冥想、仪式和宗教习俗的目的都是打破蒙蔽人们的幻觉，消解自我，进而达到超脱于世俗欲望和苦难的平和。公案就是达到这一目的的强大工具。

公案具有多种多样的用途。一方面，公案中的悖论和谜语揭示了"现实"不真实的一面；另一方面，对公案的沉思为自我发现或得到启示创造了所需的宁静与空间。当我们的思想在公案的迷宫中辗转之时，经常会找到以前不知晓的意义。答案的确存在，只不过它们是需要被创造出来的而不是被找到的。

真正改变佛教信徒的并不是佛祖本身，佛祖的八正道[1]和教义只是让人们做出尝试，静待结果。大多数时候都会有效……并且未来将依然如此。佛教中的开悟都是通过习俗、行为和仪式来实现的。

那么，让你自己尝试思考一下公案吧！花一些时间来

---

[1]佛教名词，亦称八圣道，意为达到佛教最高理想境地（涅槃）的八种方法和途径。——译者注

思考这些案例，看一看是否能从中获益。

在你出生之前，你原本的面貌是什么样的呢？

在你什么都不能做的时候，你能做什么呢？

风的颜色是什么？

感觉怎么样？凭借没有逻辑支撑的简单方法是无法回答这些问题的，你喜欢这样的问题吗？这种复杂与困惑会让你感到烦躁不安吗？无论如何，公案都有一种实用、启迪人心的力量，一种能被禅宗信徒和与之类似的人领悟的力量。

文 学 和 语 言
Literature and Language

你能读到的一些杰出的哲学思想都来自文学。

从莎士比亚到科幻小说，文学以一种

既通俗易懂又意义深远的方式对人类境况进行了探索。

从哲学的角度看，区分陀思妥耶夫斯基与加缪、

狄更斯与马克思、奥斯丁与波伏瓦根本没有任何意义。

正是因为语言的力量如此强大，

哲学家无疑会分析和探索语言的本质、产生的原因和作用。

语言揭示了我们的思想，甚至对我们的思想进行了定义。

文学就是我们用语言去探索哲学错过的某些真理的方式。

坎贝尔
关于"每一个故事"

英雄听从了精神导师的指引——离开自己的村庄。他击败了有很多头的怪兽,降服了东方的巨龙,解开了三位守桥人的谜语,并且喝下了充满魔力的灵丹妙药。当英雄再次回到自己的村庄时,他已脱胎换骨。现在,他凭借自己的智慧就可以领导自己的族群。

美国文学教授约瑟夫·坎贝尔认为,每一个伟大的故事和神话都在讲述这样的故事。无论是耶稣、释迦牟尼、穆罕默德和摩西,还是弗罗多、天行者卢克和辛巴[1],他

---

[1]动画片《狮子王》的主角。——译者注

们的故事都有着同一个套路：分离、启蒙和回归。

根据自己对神话与宗教所进行的比较研究，坎贝尔于1949年发表了《千面英雄》这一著作。通过阅读、比较无数神话和经典故事之后，坎贝尔发现所有的故事与神话都有着某种类似的主题和动机。更确切地说，所有的故事都遵循了一个三段式结构：

一、分离。一个路过的巫师、幽灵或会说话的动物向英雄发出"冒险的召唤"，英雄通常会因此离开他们平淡无奇、单调乏味的生活，开启探索之旅。这号召是海格[1]砸开了小屋的房门，布鲁斯·韦恩[2]的父母被杀害，让释迦牟尼想要离开欢乐园的四谛[3]。

二、启蒙。这指向冒险中遇到的"考验之路"。其中包括战斗、抵御诱惑、对抗魔法和最终的启蒙，也可以理解为那些电影中通过计算机合成特效的打斗场面。其中，英雄看上去会失败，但是总会通过某种储备力量而最终取得胜利。在这一过程中或考验结束之时，英雄会得到

---

[1]J.K.罗琳的作品《哈利·波特》中的巫师。——译者注

[2]蝙蝠侠。——译者注

[3]释迦牟尼贵为印度王子，选择出家只因有感于人类的生、老、病、死之苦，便产生了寻求解脱，出家修行的想法。——译者注

某种启示，具有智慧，实现灵魂的升华。英雄就此浴火重生。

三、回归。现在，大彻大悟或神通广大的英雄已经被推举为国王或先知。他们的智慧与能力在世人眼中极其可贵，独一无二。这段旅程就以"从此幸福地生活下去"结束了。

这种分离—启蒙—回归模式的英雄旅程与早期基督教的所谓"三个精神途径"几乎一模一样。后者将神性统一的行为和宗教的体验分为净化（清除或移除自身的罪恶）、启迪（通过冥想或祷告而产生的沉思）与合一（与神的思想达到一致以热爱万物）。

坎贝尔的理论会让人们产生出巴德尔·迈因霍夫现象，即一旦你知道了某个事物就能很频繁在各个地方看到它。但是，这并不影响这些故事的重要性。我们的故事反映了更广阔的人生旅途。我们都需要与自己的家乡、舒适区和曾经熟悉的事物分离，踏上冒险与探索之旅。我们遇到的巨龙和西斯尊主[1]就代表生活里的种种考验。正是这

---

[1]出自影视作品《星球大战》，拥有强大的黑暗面原力。——译者注

些让我们做出改变，提升了自我。没有它们，也就没有所谓智慧的人。简而言之，故事就是一本关于如何拥有美满人生的妙趣横生的指导手册。

赫胥黎

关于"美丽新世界"

看完新闻报道后，你哑口无言。如此不公！如此残忍！你决定要为此做些什么……可《鲁保罗变装皇后秀》马上要开始了，那么晚点再说吧。明天你还要去购物呢，那么那件事就暂时放一放吧。暂时！

你叹了口气，机械地去找药片。毕竟，你的医生和心理医生都认为你不可以情绪激动。而且，这些药片很有效。

欢迎来到奥尔德斯·赫胥黎的《美丽新世界》。

请你想象一个没有痛苦、折磨和斗争的社会。一个净化的、用药物控制的、完全不知痛痒的世界。在那里安全比冒险更重要。你能想象出来吗？

在赫胥黎的小说《美丽新世界》（1932）中，人们一旦对事物感到不安，他们就可以服用"索玛"——一种类似于吗啡的药物，可调节人的情绪，让人处于一种快乐、无意识的麻木状态。不过，你甚至可能不需要这个。

这是一片不用承担责任的性爱自由的土地。爱情、忠诚和激烈的情感是被明令禁止的，因为它们可能引发矛盾。除此以外，这里还有名为"feelies"的娱乐设施，类似于电视，会给人带来强烈的视听刺激。整个世界都处于一种麻木的娱乐状态。

这里的居民被训练成仅对特定事物感兴趣。婚姻和一夫一妻制是禁忌，免得我们为了伴侣而争吵。书籍是违禁品，以免我们胆敢思考或梦想。一旦某个事物被破坏或让我们产生一丝沮丧，我们就会将其抛弃。去买一个新的就好了，因为花费精力去修理实在是太不值得了。生活就是永无休止的感官娱乐和不痛不痒的琐事。只有闲聊，永远没有争论。

赫胥黎描述的场景离我们有多远呢？

如今，大约百分之十的发达国家都在服用某种精神药物。我们都携带着让我们处于消遣状态的多巴胺iGadge。它们是口袋大小的"feelies"，让我们头脑昏沉，让我们宁愿双击屏幕来"点赞"也不愿意抬头去看一看周围的不公正、不平等和平庸。我们宁愿买一双新鞋也不愿意造访离我们最近的修鞋匠。离婚只是家常便饭，而我们动动手指就可以获得史无前例的庞大、多样化、撩拨人心的色情图片库。

那么，正如小说中的主角所问：我们究竟想要一个怎样的世界呢？

一方面，我们拥有一个虽然充满了苦难、战争和斗争，但是同时有英雄主义、莎士比亚和爱的世界。另一方面，我们拥有一个充满了消费主义、豆棚瓜架和吗啡的世界，同时有快乐、露水鸳鸯和平静。你更喜欢哪一个世界呢？

贝克特

关于"等待"

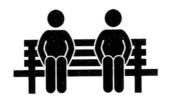

你是否曾与亲密的人一起长途旅行，或者被迫在机场等待好几个小时，然后发现自己发明了好几种方式来打发时间？当你觉得玩手机都很无聊或者你因为眼睛太过疲劳而无法阅读，你会做什么呢？你在等待别人的时候会做些什么呢？

这些问题就是爱尔兰剧作家萨缪尔·贝克特在其作品《等待戈多》（1953）中所进行的思考。

《等待戈多》这部戏剧中的两个主人公是弗拉基米尔和埃斯特拉冈，他们正在等待一位名叫戈多的神秘人士。其中，波佐和"幸运儿"这两个角色会不时地出现。但是，整体剧情以弗拉基米尔和埃斯特拉冈之间的对话为主。

戏剧评论家维维安·默西埃曾将《等待戈多》这部剧描述为"没有一件事情发生过两次的戏剧"，他的确说对了。主角们一直在等待戈多，但是他从未出现。故事的"主线"始终是处于一种奇怪的不知所措的状态下的角色之间的对话，而这部戏剧本身也是关于我们在等待别人到来时自己的奇怪念头和行为。

在等待的时候，弗拉基米尔和埃斯特拉冈打闹、讲故事。他们一开始相互谩骂，后来彼此关心。他们似乎需要对方。这是一场充斥着荒诞与恐怖的闹剧（比如，其中一个角色为了让自己的裤子掉下来而用皮带上吊）。他们似乎一直在表演，只因为这样可以有事可做。他们会说："我们辱骂对方吧。"而在下一秒他们却说："现在，让我们和好吧。"这就是我们的生活和感情的真实写照。

贝克特十分欣赏加缪，在贝克特的作品中也不难发现荒诞主义（详见本书第61~63页）对他产生的影响。主角们永无止境地等待着戈多，宛如将巨石推向山顶的西西弗斯。约翰·列侬曾唱道："当我们忙于奔命时，生活已将我们甩在身后。"在等待我们自己的"戈多"时，我们有多少时间在浑浑噩噩中流逝了？

"戈多"可以被简单地理解为在生活中找寻意义。我们所等待的可能是真爱、自由、人生方向的改变、宗教方面的顿悟，甚至死亡。生活就是我们在等待某些抽象、神秘的未来到来时让自己忙碌起来的乏味的日常或闹剧。而且，我们不知道所等待的究竟是什么，它就已经落幕了。

奥威尔

关于"双重思想"

　　我们都倾向于认为自己是通情达理的人。我们所有的信仰和价值观都是相互一致的、合情合理的，而且是经过深思熟虑的。我们希望自己遭到质疑时，可以充分捍卫自己的立场，让他人接受我们的观点。可这种想法的可信度有多少呢？

　　英国作家乔治·奥威尔在其家喻户晓的小说《一九八四》中就提出了这样的质疑，因而创造了"双重思想"这一概念。

　　《一九八四》出版于1949年，其背景是一个距离当时并不遥远的三国鼎立的未来世界。这本书的故事就发生在大洋国，这里的一切都被一个以"老大哥"为代表的反乌托邦的极权主义政权控制。这个国家里设置了很多部门来操纵人们生活的方方面面。其中一个让人刻骨铭心到不安的（也非常有先见之明的）部门叫"真理部"。在这里，任何客观真理甚至常识都要被巧妙地修改以符合当前的时事或新的政党路线。

"双重思想"就是"一个人的脑海中同时有两个相互矛盾的信仰……否认客观事实的存在，但又始终将所否认的事实加以考虑"。双重思想的本质就是，用一个人为创造出来的而且明天可能用其他形式重塑的真相来替代"事实"或"真相"，就是宁可相信荒谬的言论也不相信显而易见的事实，就是接受一个论证出来的立场而不是任何"常识"。战争就是和平，自由就是奴役，冷漠就是力量。

然而，这未必是一个虚构的反乌托邦世界的无稽之谈。这是一种无处不在的常态。而哲学也并非无辜的。如今，任何"客观真理"或"普遍事实"在默认的状态下都是被否定的。相反，我们谈的都是"我的生活经验"。《一九八四》这本书中的大反派奥布赖恩说过："你以为每个人都与你看到了同样的事物。但我要告诉你，温斯顿，现实从来不是外露的。现实只存在于人们的脑海中。"这已不再是一场奥威尔式非主流的噩梦，它已经俨然成了当下的标准陈述方式。这就是现代的群体思维（这一概念源自奥威尔）。

这一切的含义正如奥布赖恩接下来所说，"我们的真理"是可以被制造、被影响，甚至强加于我们的。一旦我们抛弃了衡量客观的标尺或独立的"真与假"，那么还有什么可以阻止一些强大的、邪恶的、在心理上可以摆布我们的力量去创造他们想要的"真理"呢？如果真相只是人类的一种工具，那么真相只是有权势的人用来打击弱小群体的另一种工具而已。

我们处于进退维谷的状态。如果真理是客观的，那我们不得不承认其他人的信仰和行为是错误的，甚至我们本身就是一种错误。（但愿不是如此！）或者，真相（包括常识、逻辑和数学的真理）就是被创造出来的。我们如果接受了这一点，就不得不接受真理是可以被制造和重新创造的。老实说，这种观点与奥威尔的想法很一致。

卡夫卡
关于"异化"

你是否曾有过这样的感觉——周围的一切看起来都有些……诡异？仿佛每天的日常都是一系列间断的、令人困惑的、矛盾的片段？你是否有过这样的时刻——突然感到有些事情完全不真实，却被其他人全然无视？或者你是否曾感到一切都没有什么意义……你仿佛是一个陌生人置身于一个陌生的国度？

弗兰茨·卡夫卡在其所著的小说《审判》中对这种"异化"的感觉进行了探讨。

在《审判》这部小说中，主人公约瑟夫·K.有一天早上醒来突然莫名被捕，而且直到故事结束他（和读者）也不清楚他究竟犯了什么罪。在这个故事中，主角受到了遥远又神秘的法律系统的审判，他的生活仿佛是一个诡异的梦境。

我们是否会经常感到自己好像并不了解那些用来评判自己的规则？仿佛我们必须走的路线正在扭曲并且发生改变？或者，我们必须用一套没有人能真正理解的新词汇或办公用语，而且重点是没有人想要去接受。你在以上这些场景中很容易产生距离感，好像自己置身于一个错误的派对中。

《审判》这本书中描述了一系列相互独立的事件，这些事件是生活的完美写照。整本书在不同的城市场景（如法庭、银行、公寓和教堂）中切换，每个场景都有未知的且往往荒谬的规定，因而产生了独特的氛围。我们遇到了一群不真实的人物：上一秒还被人虐待但下一秒就变成了施虐者的女人、腐败又懒散的执法者、因陷入了审判的泥潭而被毁灭的商人。所有的人物刻画都只有外貌的描写，没有深刻的心理描写。整本小说的叙述为几次突发的性行为所打断。

以上的所有都将生活描述得惟妙惟肖，是闯入平凡生活的异乎寻常的事件，是我们都假装自己很正常时不经意出现的荒谬时刻。这是一种一切都无法正常运转，而没有人真正知道自己究竟在做什么的感觉。这是一种我们在不知道比赛的目的和内容却一直参与其中的感觉。这就是迷失的感觉。

与萨特和陀思妥耶夫斯基不同的是，卡夫卡从未让他笔下的角色对自己的异化进行思考。这是卡夫卡的作品最能引发共鸣的地方。我们都会觉得每天的生活有些不正常，但是无论我们怎样努力都无法对此做出解释，就连对我们自己也无法说清。

普鲁斯特
关于"无意识的回忆"

你正在一家咖啡馆排队点餐，此时你闻到了排在前面的顾客身上的香水味。忽然之间，你穿越回几十年前的祖母的客厅——祖母就曾用过同样的香水。

你正在室外散步，树木在暮色天空的映衬下呈现出独特的形态，把你瞬间拉到年轻时在海外求学的场景。你自己也感到莫名其妙。

一条广告打断了你的YouTube（谷歌旗下的视频网站）视频盛宴，而广告中的配乐竟然是你儿时和父亲一起观看的电视剧中的音乐。你感到很惊讶，莫名地放声大哭。

这样的"非自主回忆"时刻就是《追忆似水年华》——出版于20世纪初的法国作家马赛尔·普鲁斯特的史诗著作——中的诸多元素之一。

日语中有一个词叫積ん読，指那些我们买回来却从未翻开看的书。这类书中排在首位的一定是普鲁斯特的《追忆似水年华》。无论因其令人望而生畏的篇幅还是包罗万象的主旨，大多数人都听说过这部作品，有些人可能曾阅读过其中部分章节，但是只有少数人会读完整部作品。对那些读完整部或部分小说的人来说，其得到的阅读体验是如今那些小说给不了的。

《追忆似水年华》这部作品最引人注目的特点就是对于回忆的描写。在普鲁斯特的小说中，回忆分为"自主回忆"（即我们主动去回忆的回忆，比如昨天早上吃了什么）和"非自主回忆"（即那些突然闯入脑海中的回忆）。第二种回忆给我们的感受十分强烈，其带来的震撼仿佛是冲了一场冷水澡一般，让我们停下了脚步。

普鲁斯特小说中还有边喝茶边吃玛德琳蛋糕的经典情节。他在吃蛋糕的时候，不自觉地陷入了回忆，而现实世界就像电影中的场景一样切换，扭曲变幻。正如他所写的，"其他意识的状态都融化，消失了"，他突然回到了与莱奥妮姑妈共享茶点的时刻。普鲁斯特写道："见到那种点心，我还想不起这件往事，等我尝到味道，往事才浮上心头。"和我们一样，普鲁斯特也在这种时刻感到不知所措，无法一探究竟。我们都对非自主回忆所带来的冲击感深有体会。

活得越久，我们越会觉得自己在这世上的时间是由一系列的片段构成的，而非一部连贯的电影。有关我们童年或青年时期的生活记忆可能更像是一位陌生人的记忆，而不是当下自己的。这些非自主回忆浮现就好像某个转世之人的鬼魂现身一样。

普鲁斯特的作品涉及很多方面，但是贯穿其中的感伤和怀旧无疑是最能引发共鸣的元素。生活在继续，我们也在不断前行，而那些被我们留在原地的人好似我们在书中读到的那些陌生人。

浪漫主义
关于"自然诗歌"

我们身处于自然之中，总会感到分外惬意。这种感觉来自百只椋鸟于头顶盘旋，来自夕阳在天边涂抹的橘粉色落霞，来自烟波不动影沉沉的湖面。大自然总是能唤起我们内心深处的某种感触，让我们难以言表。因而，我们使用各种文学形式加以歌颂，其中最佳的形式是诗歌。

这就是浪漫主义诗人的信仰，而且在他们流畅又华丽的文字下蕴藏着值得我们思考的哲学思想。

在18世纪末、19世纪初爆发了一场运动，而华兹华斯、柯勒律治、雪莱、拜伦和济慈正是引领这场运动的一代巨擘。他们在很多方面都各不相同，比如家庭背景、宗教信仰和政治理念，但是都因为同一个信念而团结在一起，他们一致认为之前那几个世纪的科学唯物主义启蒙运动过于极端。因此，他们转而在纯净和超然的大自然中寻找答案。

他们上一代的先驱卢梭曾指出一切自然的事物都是纯粹的，或者说是完美无瑕的，而且他几乎把这一点升华为一种宗教。社会和现代世界的诡计将这种美好腐化、扼杀了。我们需要冲破这牢笼去享受生活、重拾快乐。浪漫主义者正是在此基础上进行发展的，他们的诗歌中就饱含着唤起人们回归自然的力量。

华兹华斯曾写道："这是一种推动所有思想发展的精神……是贯穿了一切的精神。"在他看来，我们都有想要亲近自然的一面，而自然也会接纳我们。自然之美所带来的愉悦在我们的灵魂深处回荡。在这些浪漫主义诗歌中，我们也发现了柏拉图的思想。

柏拉图认为，所有人都有一个属于自身以外的形式世界的灵魂（详见本书第128～130页）。这个灵魂是连通我们的物质存在和完美的形而上学世界的桥梁。我们的灵魂给予我们一种纯粹的力量去欣赏万物之美。浪漫主义者也是如此，他们将审美带来的愉悦看作一种超凡脱俗的、形而上学的真实理想，而不只是转瞬即逝、无聊、琐碎、虚无缥缈的快感。柯勒律治深受康德的思想影响。和康德一样，柯勒律治认为人类欣赏这种理想的能力是有限的。生活中的一些事物——生命中最重要的东西——是科学无法触及的。因此，浪漫主义者选择用抒情的比喻和诗歌将其表达出来。

　　文字是一种奇怪的存在。有时候，对于我们，那些神秘的愉快时刻似乎是无法用文字表达出来的。而对于一个合适的人或诗歌天才，文字就可以精准地表达出那些时刻中他们的感受。文字打开了我们原以为没人了解的世界。

拉德福德
关于"虚构"

我们都知道海德薇（出自《哈利·波特》）、灰姑娘和怪物弗兰肯斯坦并不是真实存在的。毕竟，他们都是虚构的人物形象。那么，为什么当我们读到他们的故事时会感到悲伤或害怕呢？如果我们知道这些事情只是编造出来的，那么又是什么让我们与他们产生了情感上的联结呢？我们又是怎样对虚构的事物产生了真实的情感呢？

这就要谈到"虚构的悖论"。英国哲学家科林·拉德福德对这一思想进行了探讨。

根据拉德福德的观点，人们对于虚构的作品最为普遍的和最符合人类情绪特征的反应为"非理性的、语无伦次的、前后矛盾的"。类似于一种精神上的"双重思想"（此处借用了奥威尔所创的术语，详见本书第218页）或者认知失调，即我们的行为与信仰不一致。这个悖论可以简化为以下几点：

一、要想与某种事物产生情感联结，我们必须承认其真实性；

二、我们很清楚虚构的作品是不真实的，而其中的人物并不存在；

三、我们对虚构的文学产生了情感联结。

这样看来似乎很矛盾。我们明知电影是假的，甚至用"没关系，这都不是真的"这样的话来安慰自己，可观看《闪灵》这部电影的时候，我们还是会觉得毛骨悚然；看到小鹿斑比（出自动画电影《小鹿斑比》）的妈妈死去的时候，我们还是会伤心落泪。这样的例子还有很多。

关于第一点，拉德福德对其进行了论证，他指出我们在日常生活中只会对自己认为真实存在的事情产生遗憾或难过的情感。他说："如果我不相信苦难，我就不会感到难过或感动得落泪。"在电视台呼吁募捐的慈善活动中，我们的同情心被激发，活动才算有成效，因为我们知道我们所看到的事情是真实的。存在的信念是情感产生的必要条件。可是，我们明知道虚构的东西并非真实存在的，却依旧会被其激发出内心的情感。

不仅如此，拉德福德还认为我们并非简单地"中止怀疑"。我们的确从虚构的东西中明确地体验到了某种真实的感觉。我们设想一下与此对立的观点，即我们对观看或阅读的虚构作品的真实性深信不疑。这样做的第一种结果就是我们在整个过程中是无法感到愉悦的。一场血腥或恐怖的影片会让我们余生都患上创伤后应激障碍。第二种结果是，我们可能做出全然不同的反应。如果我相信银河帝国[1]真的在建造歼星舰[2]，或者灭霸真的得到了无限宝石，那么我会被吓得瘫倒在电影院里。

拉德福德个人对此的回答是不仅要接纳这一悖论的核心中的非理性的地方，还要认识到这是作为人类的常态。不过，这种解释可能还不足够有说服力（至少对那些认为自己是理性的典范的哲学家来说是这样的）。难道人类有这么一大部分的状态都是非理性的吗？对我们大多数人来说，这并不重要。正是因为我们接受了这种荒谬，我们才会在因为一部电影吓破了胆或者因为一篇文字而放声大哭时，感到忍俊不禁。

---

[1]系列作品《星球大战》中的一个影响巨大的君主制政权。——译者注
[2]系列作品《星球大战》中的大型战舰，甚至能毁灭一颗星球。——译者注

亚里士多德
关于"修辞"

如果哲学可以给予你掌控世界的力量——一种用于伟大的善或者极端的邪恶的魔力，那么会发生什么呢？天啊，你真走运，因为有一种古代的智慧正好可以向你传授这种魔力。这种智慧可以帮你控制人们的思维并且让人们按照你的意愿去行动。

这一切都要归功于古代的"梅林"——亚里士多德。

亚里士多德的《修辞学》一书就讲述了如何说服他人。这部作品对如何用语言去改变人们的思想、赢得辩论或者感召群众做出了研究和指导。这既可以让政客在竞选中获胜，也可以帮助你让奶奶不掐你的脸颊。

虽然这本著作写于两千多年前，但其至今依旧有着非凡的现实意义。一旦你了解了书中的奥秘，就会发现这些奥秘无处不在。你会看到这些奥秘具有魔法般的效力，也会帮助你避免被"魔咒"支配。如果我们了解了舞美效果，就不会轻易被其呈现出的幻影蒙蔽。

那么，《修辞学》中都谈到了哪些说服的要素呢？亚里士多德列出了三个要素：人品诉求、情感诉求和理性诉求。

人品诉求指要有（或看起来有）良好的个人形象。如果我们觉得某个人值得信赖、受人尊敬或者知识渊博，那么我们很大程度上更愿意去倾听他们所说的话。当谈论到某种疾病时，一位医生的话肯定要比酒吧里醉汉的话更有权威性。我们更容易被那些所谓（或表现得像是）专家或者"诚实可靠"的人们说服。

情感诉求指可以激发情感的能力。要做到这一点，我们首先要了解我们想要激发的情感的本质。例如，如果我们想要激发起一个群体的愤怒之情，我们就必须了解愤怒的产生机制——"因明显不应受到冒犯，却被冒犯而产生的复仇心理"。掌握了这一信息之后，我们要做的就是强调对一位无辜受害者做出的错误行为，然后呼吁大家去伸张正义；我们也可以讲个笑话，建立一个友好的人物形象（这也属于人品诉求）；我们还可以复述一些民族传奇来激发人们的爱国热情。这些全是诡计，却让人无法抗拒。

理性诉求指对事实和论据的运用。这一点可能是我们想要去说服某人时最先出现在脑海的。我们设想自己的听众是通情达理的人，这样一来，我们只需要用正确的事实展开富有逻辑的论证即可，听众也会转而赞同我们的观点，并且对我们的表现大为赞赏。虽然亚里士多德并没有天真地认为这种情况是常态（对有力的修辞来说，这三个要素缺一不可），但他还是认为理性诉求最为重要。然而，有些愤世嫉俗的人可能对此表示反对。

当你了解了修辞学的这三个把戏，你就会发现它们无处不在。你能在那些过度炫耀自己获得的荣誉的政客身上看到人品诉求，能在莎士比亚笔下的国王鼓舞士兵去战斗时看到情感诉求，能在一位随时都在用统计学的某些数据证明自己观点的朋友身上看到理性诉求。

雪莱
关于"科学怪人"

德国工程师韦恩赫尔·冯·布劳恩非常热爱火箭，永远也不感到厌倦。当他于20世纪30年代受邀为纳粹效力去研究V-2导弹系统时，他并不认为这有任何不妥之处，因为他热爱火箭。后来，当他被带到美国从事太空任务的研究时，他也欣然接受。可以研究更多的火箭啦！那么，冯·布劳恩应该为其研究的火箭在英格兰南部造成了数千人的死亡而遭受谴责吗？或者，他应该因其在NASA的土星计划中所取得的成就而受到赞扬吗？这就是一个科学家在其进行发明创造时应该做的道德与责任的思考。

这一主题在19世纪小说家玛丽·雪莱的小说《弗兰肯斯坦》中得到了精彩的阐释。

维克多·弗兰肯斯坦对生命工程偏执成瘾，因而创造出了他的"怪物"。他沉迷于使一堆可爱的没有生命的肢体起死回生而无法自拔，却全然不顾他的所作所为可能带来的后果。而在小说的结尾，他的杰作（"怪物"）夺走了3个人的生命，使一个人遭受陷害（导致其被判死刑），并且迫使弗兰肯斯坦博士精疲力竭而死。

或许，有人会认为维克多·弗兰肯斯坦很天真。他并不知道他的作品会造成怎样的结局。他会像托马斯·米奇利一样感到愧疚。后者也是一位科学家，米奇利为了提高发动机的效能而发明了含铅汽油，后来又为了提高制冷效果发现了氟氯氢（氯氟碳化物）。前者会让人类遭受毒害，后者会对臭氧层造成破坏。虽然米奇利与维克多的初衷都是好的（或者至少有商业价值），但是他们都没有预见到这些行为的潜在影响。

科学既可以极大地造福于人类，也可以给我们带来巨大的灾难。不过，科学家们对此要承受多少责难呢？你会发现，既有像弗里茨·哈伯[1]这样的人，明知芥子气会造成怎样的危害却依然毫无罪恶感地将其研发出来并释放于

---

[1]德国化学家，一位极具争议的科学家。——译者注

"一战"的战壕中，也有像J.罗伯特·奥本海默[1]这样的科学家，在了解了核弹可引发的潜在后果，并对核弹可能引发的道德问题进行深刻权衡后，终于心安理得地接受了核武器的生产。最近，就在2001年，两位研究人工鼠痘病毒的澳大利亚科学家发现他们的毒株可以感染已接种疫苗的老鼠。由于这种病毒与人类的天花病毒十分相似（并且很可能会被用作生化武器），所以值得讨论的是，他们应该将这项研究公布于众吗？

那么，维克多·弗兰肯斯坦究竟要承担怎样的责任呢？科学家会因其忽视道德（详见本书第37~39页）而遭受谴责吗？我们应该谨慎地在可控范围内进行科学研究，还是应该接受我们在不断拓宽知识的同时所带来的风险，我们可能会因为错过了拓宽的知识带来的极大裨益而追悔莫及吗？

---

[1]美国物理学家，有美国"原子弹之父"之称。——译者注

乔姆斯基

关于"语言的学习"

我们人类的宝宝真是一无是处。幼年的小乌龟已经可以蹒跚着爬向大海，刚出生几个小时的小马驹已经可以奔跑，很多雏鸟在孵化几天后就可以飞翔。我们人类的小宝宝却连头都抬不起来。

但是，他们有一个身体部位遥遥领先了其他任何一种生物，那就是大脑。而且，正是这个部位赋予了我们一种魔法，那就是语言。美国语言学家诺姆·乔姆斯基对此十分着迷。

语言真的很复杂。语言需要抽象的概念、时态、人称、数量、句法和语法。婴儿不仅能知晓这些，还能灵活地举一反三，这真是让人刮目相看。

5岁以前，那些没有正式学习过语法，甚至只有部分时间接触语言的幼儿就可以理解并表达出他们从未听过的语句。在连球都无法接到的年龄，幼儿却可以展现出同时掌握多种语言的能力。甚至在没有系统学习的情况下，婴幼儿就可以表现出远超其他发育阶段的认知能力。

基于这一点，乔姆斯基提出，人类具有一种先天的区分并遵循语言规律的能力。这也称为"语言先天论"。

语言习得所需的复杂能力一定是先天行为（即与生俱来的），因为其远远早于其他认知的发展。我们都有与生俱来的"通用语法"，而我们要做的就是将其应用于我们所处的语言环境。

人类在2岁至青春期之间有一个所谓"关键窗口期"，在这一时期儿童对语言的掌握有一种非同寻常的能力。成年人需要花上几年的时间才能熟练地掌握一门外语，5岁的儿童却能流利地说出汉语、祖鲁语、俄语、波斯语等，这跨越了各种各样相互兼容的、不相关的、纷繁复杂的语系。

当你下次再见到一个小朋友时，请重新以一种敬畏（和嫉妒）的心态去看待他们。他们可能看上去很弱小，可他们实际上是非凡的语言奇才。

德里达
关于"词汇"

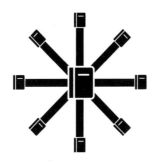

请想一想板球（cricket）游戏中的"三门柱（wicket）"这个词。现在，请你把这个词解释给不懂的人听……呃，也许你自己也不知道这个词的含义，对吗？

当我们仔细思考"三门柱"这个词时，你会很快发现要想将这个词解释清楚，我们还需要使用（因而认识了）多少其他概念和词语，比如门柱、出局、击球手、投球手。

你可以再试试看其他描述运动的词语。事实上，所有词语皆如此。要想解释一个词，我们唯有使用其他词语才能做到。一个概念永远需要借助其他概念来理解。因此，我们陷入了一个语言的陷阱。

　　这就是法国后现代主义哲学家雅克·德里达在其"后结构主义"（又称"解构主义"）中想要表达的观点。

　　在追溯了从康德到维特根斯坦的理论基础上，德里达指出，我们使用的词语从来没有固定的或者一成不变的含义，因而可以引申出我们的观念也是如此。我们以为一个词语与指代的事物之间是直接对应的关系，如树就表示一棵树。但是，这么做就忽视了这些词语构成和孕育过程中的无数与之相关和不可缺少的想法。

　　我们就以"树"这个词为例。树的背后蕴含着各种同类概念，包括绿色、叶子、树皮、柳絮、凋存[1]、树干、希腊的森林女神得律阿德斯等。你很有可能对其中的一些概念有所了解，对其余的一无所知。问题在于我们无法为你和其他人设想出一个一成不变的、固定的、统一的含义。一棵"树"在植物学家和艺术家的眼中是不同的存在，而对一名威卡教[2]教徒来说又具有另一种意义。任何

---

[1]指冬天有的树叶凋而不落，依然挂在枝头的现象。
[2]一种在英国和美国盛行的，新兴的、多神论的，以巫术和凯尔特信仰为基础的宗教。——译者注

概念都可以通过这种方式进行解构。德里达将这一概念称为"共时性"——每个词都在一个错综复杂的概念网络中相互交织。

尽管如此，人类天生就有一种"逻各斯中心主义"[1]的偏见，即我们自认为词语有明确且一成不变的含义。我们在与他人交谈或辩论中使用任何一个词时，都以为别人理解我们要表达的准确的、特定的含义。然而，逻各斯中心主义误解了词语的真正功能。正如德里达所写的"文本之外什么都没有"。也就是说，词汇有其自己的生命，而且是没有固定答案的。我们每个人所说的"树"从来都不是单一的那棵。所有的词语都是简单的象征和隐喻。

从托马斯·霍布斯[2]、逻辑实证主义者再到戈特洛布·弗雷格[3]，哲学家们试图消除语言中的歧义，使语言

---

[1]20世纪初期由德国哲学家路德维希·克拉格斯提出。在西方科学、哲学的传统中，逻各斯中心主义将词语、语言视为对外在现实的表达，认为"logos"在知识论这个维度上是至高无上的，并且标记了一个初始的、不可拆分的对象。从字面意思来看，逻各斯是柏拉图的理念（物理世界不如理念世界那样永恒、绝对、不可变动）的理想呈现。——译者注
[2]英国政治家、哲学家。他创立了近代第一个机械唯物主义体系。——译者注
[3]德国哲学家、数理逻辑学家。在《算术的基础》一书中，他提出了关于语言哲学研究的三条基本原则。——译者注

变得更加纯粹。但是，德里达认为这种做法完全是徒劳的。语言是变化莫测的幻影，稍纵即逝又难以琢磨。对我们来说，语言最好的状态就是不会让人常常感到疑惑。

维特根斯坦
关于"语言游戏"

　　你的家庭成员之间是否有属于自己在家里的专属词汇？例如，你会给遥控器起外号，你和一群好友之间会使用一些让外人摸不到头脑的词语。奥地利裔英国哲学家路德维希·维特根斯坦认为这些"语言游戏"其实就体现了词语的功能。而且，透过他创作的关于"生活方式"的著作，我们可以深刻地了解到语言是如何运作的。

　　维特根斯坦指出，我们整个的概念构成，也就是我们的思维方式，取决于我们的生活方式。没有所谓"私人语言"（即只有你自己使用的语言），因为至少两个人都认同一个词语的定义时，这个词语才算有意义地被使用——类似于人们就一些游戏规则达成共识。

词语及其所指代的概念之所以有意义是因为独特的文化、家庭、社会或者学校定义了词语所指代的内容、使用的方式、时间和地点等一系列规则。比如，你可以对比一下自己给最好的朋友和祖母发送的信息。或者想一想最常见的一句牢骚——"现在的年轻人"净胡说八道。

很多种生活方式之间都具有"家庭相似性（或相似点）"。这也意味着对大多数人来说，很多词语都表达着相同的含义。不过，一旦词语的用法发生了改变，这种相似性就会被打破。举例来说，想一想"sick"这个单词。在大多数的语境中，这个单词都指代生病的状态，但是对很多年轻人来说，它表达了一种赞赏，例如"That's sick！"，表示真厉害呀！

对比美式英语与英式英语，我们能发现很多"语言游戏"的有趣的例子（你可以尝试在这两个国家分别使用pants、biscuit、purse或chips这些词[1]）。不过，所有的语言传统体系中都存在语言游戏。例如，在日语中，你需

---

[1]pants，在美式英语中指裤子，在英式英语中指内裤、短裤；biscuit，在美式英语中指松饼，在英式英语中指饼干；purse，在美式英语中指女士手提袋，在英式英语中指钱包、皮夹；chips，在美式英语中指薯片，在英式英语中指薯条。——译者注

要学习与不同的谈话对象在不同的语境下使用不同的词语。语法也体现了语言使用的不同正式程度。

　　那么，你得到的启发是什么呢？如果你在学习一门语言，要谨慎对待谷歌翻译的结果。词语是有细微差异的，其含义不能脱离语境。而且，每个人都知道"doofer"指的就是遥控器。

结构主义者
关于"二元论"

让我们玩一个词语关联的游戏。主题很简单：我们列出一系列词，然后由你说出（如果你在公共场所就在心里说出）你最先想到的事情。准备好了吗？请看下列词语：

好的

上面

猫

快乐的

你想到了什么？

很多情况下，我们的思维会不自觉地被结构主义者（创始人为瑞士语言学家费迪南·德·索绪尔）所说的二元对立吸引。

二元对立的理论（即二元论）指我们使用的很多词语和概念的含义都是通过与其对立的词语进行对比和比较

而得出的。有趣的是，它们并非确切的或真的"反义"。虽然"好的"和"快乐的"分别与"坏的"和"悲伤的"互为反义词，但是"猫"与"狗"并不能算作真正的反义词。这同样适用于苹果和橙子、茶和咖啡、刀和叉、盐和胡椒等。这些成对出现的词语往往会因为引人入胜的文化和历史原因而一同出现。那么，为什么猫和狗会被看作是"对立的"呢？

结构主义者认为二元对立赋予了两个词语含义。如果我们不了解"邪恶"，就无法充分理解"善良"；不了解"美丽"，就无法理解"丑陋"。在少数情况下，我们会通过否定来定义一件事物，甚至是我们自己。我们会通过将其描述为"不是另一种事物"而定义。因此，一个部落的选民可以说自己是"不会投那一方"的人，或者亲兄弟是通过"年龄小的"和"年龄大的"来确定身份。

我们经常会在这些二元对立的词语中发现正面和反面的选项，而这种情况很大程度上受到了我们的世界观中的偏见的影响。如果我们选择创建出"男性和女性"或者"白人与黑人"这样的二元对立，那么结构主义者（比如德里达）会说这些对立词语的正反两面反映了我们的文化背景，因而渗透到我们的日常行为当中。

例如，德·波伏瓦的《第二性》（详见本书第82～84页和第296～298页）和卡罗琳·克里亚多·佩雷斯的《看不见的女性》中都指出"男性"经常被看作默认的或正面的存在，而"女性"则往往是异常的或反面的存在。佩雷斯强调，这一点在各方面都对女性产生了惊人的（甚至是致命的）影响。比如，安全性测试的标准只按照男性的身型特点来进行。法农（详见本书第85～87页）同样就种族的话题进行了类似的讨论。

现在，让我们思考一下我们语言中的二元对立的词语吧。至少，这些词语都有不同寻常的文化和语言学的历史（如果你对此感到好奇，那么推荐你先从比尔·布莱森的这本精彩著作《家：私人生活简史》读起）。可糟糕的是，这些二元对立的词语可能使一些危险和不公正的偏见变得更加严重，造成一个"好的"或"默认的"和"坏的"或"异常的"选项。

科学和心理学
Science and Psychology

在我看来，科学最有趣的地方就在于它会让我们
被迫进行某种自我反省。
这或许是通过了解我们的大脑、
我们在自然界中的生存环境，
以及科技对我们的改变实现的。
心理学是一门研究人类的学科，融入哲学之中，反之亦然。
两门学科之间的界限正变得模糊不清。

科学的研究对象是世界，但是在这本书中，
科学是我们了解人类现状的一面镜子。

培根
关于"科学方法"

4岁的弗雷德和5岁的艾伦正在进行一场辩论。

"獾只在夜间行动，我见过的！"弗雷德喊道。可艾伦和所有只有5岁的孩子一样，认定他弟弟说的不对。

于是，这两个孩子一起去探险。艾伦要记录他在白天看到的獾的数量。弗雷德要记录他在夜间看到的獾的数量。周末，他们一起核算结果。弗雷德看见了8只獾，而艾伦只看到了一只獾，不过他认为那可能是邻居的狗。艾伦只好不情愿地承认弗雷德可能是正确的。

如果英国的哲学家和政治家弗兰西斯·培根在天堂里看到了这一幕，他一定会为弗雷德和艾伦感到自豪，因为他们的行为正是我们所说的"科学方法"的代表。

生于1561年的培根在一个高度迷信的时代进行写作和工作。那时，女巫会被烧死，人们相信星星会引发疾病。作为一个家境优越的白人男性，他是少数能够对此发起挑战的幸运儿之一，并且为英国乃至欧洲开创了一种更为理性的思维方式。

培根在其伟大的著作《新工具》一书中指出，"宗教狂热"与偏见是危险的所在。他找到了一种以观察和证据为基础的新知识——现在被我们称为"培根法"。这种方法是这样进行的：

首先，我们要对一系列事实进行归纳和假设，例如"我在晚上看见过一只獾，所以獾在夜间出没"。培根特别指出，我们既不应该就一个小的数据（比如一只獾）大做文章，也不应该脱离事实（比如"獾可以在夜间看清东西"）。

其次，我们要搜集更多的数据和事实，然后绘制表格——培根的挚爱，还要确保否定的事实也包括在内（例如"我从来没在白天看见过獾"）。这些事实必须与假设相关，因此我们必须忽略"蝙蝠在夜间活动"或"臭鼬与獾长得很像"这类事实。

最后，我们要否定所有与这些事实不一致或者不相符的假设。

培根法并非无可指摘，而且此法有些过时和粗糙。培根法作为一种验证方法——因为它试图在进行证明——是永远都不可能停止实验的（这一点与归纳法的问题有关，详见本书第346～347页）。值得赞扬的是，这样的错误仅在三个多世纪后就通过波普尔的证伪论（详见本书第269～271页）得到了完美的纠正。

最重要的是，培根是提出理论符合事实，而非事实符合理论这一说法的人。他认为一个有智慧和理性的人不应该因为一个事实与他的偏见和先入为主的认知不符就对这个事实加以否定。

科学方法的价值在于其显著的效果。科学方法为我们带来了治疗癌症的技术、飞行技术，以及计算机技术。迷信和偏见则是烧死女巫的凶手。

库恩
关于"范式转换"

　　请你想象一下自己生活在那些思想变革的历史时刻。就在达尔文发表《物种起源》并表示人类并非特别的存在之后的那些年，在哥白尼揭示了我们所在的星球并非宇宙的中心的年代，或在约翰·斯诺和巴斯德证明了引发疾病的是细菌而非"瘴气"的那几年。想一想这些思想产生了多大的颠覆性影响。你以为的不可侵犯的坚不可摧的基石只不过是可移动的板块（顺便说一下，这恰好又是一个案例）。

　　20世纪的美国哲学家托马斯·库恩将这些科学上的历史时刻称为"范式转换"。

　　我们都会接受有关世界是如何运转的一些假设。除了一些（往往是怪异的）边缘人之外，大多数人都会认同地球是圆的，细菌会引发疾病，光的反射形成了颜色，以及世界是由原子构成的。正是这些日积月累的世界观塑造了我们的日常行为习惯（比如洗手）。这些假设成为一种"范式"。

这些范式中经常会出现难题。在大多数情况下，这些难题都可以通过"常态科学"（又称"常规科学"）加以解决。库恩称之为"完结"。在某些情况下，一种异常的发现可能无法简单地被解释，但是因为只是一个没有重复出现的个例，因此可忽略不计。不过，在极其偶然的情况下，对这些异常现象的疑惑会与日俱增，因而这些异常现象便无法被忽视。"范式转换"就在这时出现了。

这时，科学界往往会固执己见，拒绝承认某个范式存在漏洞。他们只会咬牙切齿地接受一个新的范式。开始转换范式的人、天才和革命者往往年少，拥有超自然的智慧，敢于跳出范式去思考。以爱因斯坦为例，他发现相对论的时候年仅26岁！

这意味着所有学科究竟是"完全正确"的，还是仅仅"暂时正确"。卡尔·波普尔早在库恩之前就指出科学中从来就没有"完全正确"，只有"暂时还没有错误"。但是，库恩想要进行更深刻的思考。科学可能会达到一种永久的"常态"，没有任何思想可以再去挑战这一范式。但是这并不是说科学"完全正确"，人们只是无法再跳出这一范式去思考。

所以，科学并非绝对正确。其中的迷思一直都在，也经历了很多变化。但是这并不意味着穿着白大褂做科研和攻读博士学位一无是处。真正的范式转换是百年不遇的，实际上它们的出现只是在告诉我们，科学家们永远在进行自我检查以确保他们找到了最完美、最有效的解答方案。这样说来，范式转换会让我们对科学给予我们的观点感到更安心，因为我们知道范式永远不仅仅是一个信仰或假设。

海德格尔
关于"科技对我们的影响"

一切都瞬息万变。上一秒，我们还在靠山吃山、靠水吃水，学习万事万物的规律。下一秒，我们就有了联合收割机、浓烟滚滚的工厂和大都市。在18世纪的英国，农民占总人口的70%左右。到了1901年，变成了3%左右。在19世纪，乘船横渡大西洋需要6个星期。如今只需要6小时的飞行，即可横渡大西洋。过去两个世纪转眼已是沧海桑田、天翻地覆。那么，出现的问题就是我们是否有时间去弄清楚我们人类在融入世界时究竟处于怎样的位置？我们是否已经培养出与这个新世界相处所需的技能、美德和行为举止？

出生于19世纪末的马丁·海德格尔认为我们并没有做好准备，并且，在他向浪漫主义诗人"转型"后，他在其晚期作品中表达了我们对科技和自然世界持有的观点是错误的。

我们通过对人类活动的描述与规范来框定自身的一言一行。我们去上班是因为努力工作值得赞扬（详见本书第140～142页）。我们尊重隐私，因此我们（通常情况下）不主动与陌生人搭讪。我们拥有的价值观、生活经历和看法对我们的行为会产生影响。所有的行为都在一个框架范围内发生。对于自然，我们也是如此。

海德格尔用Gestell或"设置框架"来描述我们对待科技的态度。他认为我们如今完全以一种功利主义的方式冷漠地对待自然界。我们将树木、河流、山川和农作物等看成我们随心所欲取用的资源。我们将万物当作"储备资源"，仿佛大自然本身只是人类的奴隶和工具。我们看待每件事物的角度都是以其能为人带来利益为出发点。

这样的态度让我们远离了我们的根本，以及我们几千年来寻找内心归属和生命意义的乐土。如今，我们把科学视为探寻生命总体的唯一方式。而科学技术的客观和遥远性与科学事实的冰冷都将我们与生命神秘的本质剥离开来。我们创造了类似于可以将整个世界拦截在外的守门员或后卫一样的科技。就这样，科技离我们又远了一步。

正如海德格尔所说："无论我们强烈地承认或否认科技的影响，我们都在各方面受到了科技的限制和奴役。"这一观点是写在网络与智能手机出现之前的。今天，我们已经真正地与机器融为一体。这样一来，我们所看到的一切都透过了科技的滤镜。越来越多的人喜欢拍摄烟火而不是用心去欣赏，宝宝迈出第一步的时候一定要拍下来再细细品味这种喜悦，任何事情只有分享到网上才算真实。结果，我们迷失了自我。我们将自己从自然中分离开来，而自然在我们灵魂深处留下了一个黯淡和悲伤的渴望。

赫拉克利特

论"不断改变的自我"

想象一下如果你遇到了10岁的自己，你会对自己说什么？你会被自己发现吗？

或者如果你遇到了80岁的自己，你会看到哪些变化呢？你想要做出怎样的改变呢？

随着我们的年龄增长，没有什么是不会改变的。能将现在、过去和未来的自己联结在一起的元素少之又少。

这些沉思可以用古希腊哲学家赫拉克利特设计的思维实验——忒休斯之船——来概括。这一实验旨在对人格同一性进行审视，并对我们的直觉发起了挑战。其内容如下：

忒休斯是一位伟大的海军上将，他率领战舰出海打仗。战舰在对战过程中发生损坏。因此，他将船开回港口，更换了损毁的木板，又返回到海上。一眨眼的工夫，忒休斯发现自己的船莫地撞上了一艘敌舰。结果，他的船需要更多的修补。如此循环往复，最后船上所有的木板都被换掉了。问题就是：经历过如此改变的忒休斯之船是否仍为当初起航的那艘呢？

我们把这个问题延伸到我们自身。我们每个人的体内都有数万亿个细胞不断地死亡与再生，如此循环。你体内的每个细胞几乎每年都会发生一次代谢。你现在的躯体与你一年前的那个几乎完全不同，更不用说10年前的……那么，你怎样证明自己是同一个人？

有的人给出的答案可能是回忆，但是回忆会褪色而且可能出现偏差。发生变化的不可靠的回忆无法为一个永久的身份提供坚不可摧的论证。

那么你的人际关系又是怎样的呢？你的人际关系也在不断发生变化，你人生的路上人来人往。这就是生活。

那么，你的兴趣爱好呢？我认为你现在喜欢的事物与小时候喜欢的并不一样。你12岁时最喜欢的书现在依然是你的最爱吗？你还在每天早上5点48分看动画片吗？圣诞节你最想要的礼物还是新的《超凡战队》[1]的玩具吗？

人们经常会说"我的DNA（脱氧核糖核酸）写着我是谁"。你的DNA无疑是独一无二的，你的大脑神经元也永远不会消亡。但是，我们所讨论的是自我认同和人格的问题。你会通过DNA和神经元来定义自己吗？人们在富兰克林[2]、沃森、克里克[3]和核磁共振扫描之前有身份吗？你的社交媒体上"自我简介"那一栏里难道包含了关于你的全部基因组的链接吗？

那么，这艘船到底是不是同一艘呢？你是不是同一个自己？将过去、现在和将来的你联结在一起的永恒不变的根基是什么呢？你会对80岁的自己说什么呢？

---

[1]讲述了一群穿着特殊盔甲、拥有超能力的高中生，为了拯救世界而联合起来作战的故事。——译者注

[2]罗莎琳德·埃尔西·富兰克林是一位英国物理化学家与晶体学家。她专注于研究DNA、病毒、煤炭与石墨等物质的结构。她所拍摄的DNA晶体衍射图片"照片51号"以及与此物质相关的数据是詹姆斯·沃森与弗朗西斯·克里克解开DNA结构的关键线索。此后她也领导了关于烟草花叶病毒与小儿麻痹病毒的研究。——译者注

[3]1953年，詹姆斯·沃森与弗朗西斯·克里克在剑桥大学卡文迪许实验室共同发现了DNA的双螺旋结构。——译者注

里贝特
关于"观看自己的言行举止"

让我们来做一个"自己动手"的哲学实验吧。把你的手放在离你最近的物体表面上，手心朝下。几秒钟后，当你准备好就抬起手。你可以随时抬起手，时间由你掌握。

你抬手了吗？你为什么选择在那个时刻抬起手呢？为什么不是在那个时刻之前或之后？究竟是什么使你的大脑、神经系统与手之间产生了联结呢？究竟是你的思维还是意识的哪个部分推倒了第一块多米诺骨牌呢？这一切是怎样发生的呢？

几千年来，这些问题一直困扰着哲学家。在20世纪80年代，美国的科学家本杰明·里贝特对此进行了实验研究，可结果却骇人听闻。

为了更好地理解里贝特的实验，我们首先要了解我们的大脑中有一个特殊的部分来控制"自发"行为，如选择举起手。帕金森病患者和图雷特综合征[1]患者的这部分区域是无法控制他们的抽搐行为的。大脑中的这部分区域控制着我们的"潜在活动倾向"，即在每个自发决定发生前先行活动。我们首先产生了"潜在活动倾向"，然后做出行动。

那么，现在让我们来看看里贝特的实验。他召集了一批实验对象做我们前面做的实验。实验参与者只需要在想要举手的时候举手就可以了。我们与实验对象的区别就是里贝特的实验对象的脑部和腰部配有特制的电极来测量他们大脑和神经的变化。所有的实验对象都被要求记录下他们"选择"让手移动的准确时间。当时普遍认为这种做出选择的意识与"潜在活动倾向"是同时发生的。

可实验结果并非如此。里贝特注意到大脑中掌控"潜在活动倾向"的那部分的活动比我们对事实的意识早了350毫秒[2]。这意味着我们的大脑在我们选择举起手之前约

---

[1]又称发声和多种运动联合抽动障碍，一般在人幼年出现，常以简单的抽动开始（抽动会反复出现，这是一种没有目的的肌肉抽动），逐渐发展为突发的复杂运动，包括声带抽动和突然出现的痉挛性呼吸。——译者注
[2]微小的时间单位。1秒=1000毫秒。——编者注

三分之一秒已选择要举起手。

我们的身体是按照其认为合适的方式去行动的, 而我们的自觉意识仿佛是一个无关紧要的旁观者, 在一旁观看。我们以为自己掌控了一切, 是做出选择的那一方, 但是我们的大脑已经完成了一切。正如里贝特总结道: "自发行为实际上体现了一种无意识的脑部程序。很明显, 自由意志不可能是主导者。"

里贝特的这一实验也存在一些批评之声, 比如控制"潜在活动倾向"的大脑皮层专门服务于自发行为这种论述的可靠性是多少呢? 不过, 这类批评大多没有说服力, 而里贝特的研究成果则享誉科学界。

那么, 下次你再伸手去拿饼干或者向陌生人微笑的时候, 请记住你的大脑已经帮助你做出了选择。你可能为自己可以掌控一切而开心, 可实际上我们都只是坐在电影院看着自己的躯体在表演我们的生活而已。

波普尔

关于"伪科学"

你是否曾希望有一个可以召唤出所有的江湖骗子、冒牌医生和骗人的小贩的方法？一个可以辨认伪科学的方法？一个揭穿谎言的简单工具？

这正是20世纪在维也纳出生的哲学家卡尔·波普尔所思考的。他的"证伪论"现在成了最基本的科研方法。

波普尔既试图去解决休谟归纳法（详见本书第346～347页）中的难题，又尝试改正"证实主义"（详见本书第254～256页）的缺陷——换言之，无论我们对一件事物进行了多少次观察，都不能确认其"确实是什么"。这是因为，即使最严密的"规律"将来也有被打破的可能。

证伪论认为一个命题、一种理论和一个假设的强大程度只能取决于有多少证据能证明它是错误的。科学实验和日常经验都无法验证或证明一个理论，只可能证明它是错误的或对它进行否定。因此，地心引力理论之所以是一个科学法则而且是毋庸置疑的科学法则，是因为几个世纪以来，无论我们掉落了多少东西，重力都会固执地使它们变成碎片。

历史上，在有足够的证据（如古生物学、进化论或地质学证据）证伪之前，很多理论（如神创论）都如此普遍地被人们接受了。因此，一个可成立的理论只能说明经过一系列实验证明这个理论（暂时）不是错误的而已。

如果一个理论从逻辑上来看无法证伪，即没有任何可能的证据能将其否定，那么在波普尔看来这就是一个江湖骗子的行为或天方夜谭般的空话——他对黑格尔哲学、马克思主义和弗洛伊德理论的（激烈）批判，他将前两者列为"开放社会之敌"。

例如，相信弗洛伊德理论的学者面对一个对其母亲没有恋母情结的男性（一个证明弗洛伊德理论是错误的反例）时会说："啊！嗯，这种情感只是被压抑了！肯定是存在的。"或者，你向一位马克思主义学者指出马克思主义的某些历史性的失败，这位学者可能回答："啊！但是它们从来还没有被正确地执行过呢！"总之，证伪论告诉我们如果一个理论没有反例存在，那么这个理论就是无稽之谈。

当然，人非圣贤，我们对事物的认知都会存在偏见（想要找出与我们的观点一致的事物）。不过，波普尔为我们提供了一个可以检验我们的信仰并且提升我们思想的良方。下次，如果你的朋友想帮你算命或告诉你世界是由一种外星爬行动物[1]统治的，可以问问他们的说法有没有反例？如果举不出反例，就请你接受波普尔的建议并一走了之。

---

[1]此处应该是指蜥蜴人，猜想中的外星生物的一族。美国探索频道曾报道蜥蜴人统治地球几千年，而且如今的美国和英国皇室的接班人都是蜥蜴人的后裔。他们在美国各大银行机构和其他金融机构居要职。——译者注

图灵
关于"机器人与人类"

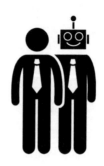

当你下次与家人或朋友见面时，可以和他们玩一个游戏：充满怀疑地眯起眼睛，并声称你已经看出他们是有着人类外形的机器人。你要表现得很认真，然后让他们证明你是错的。他们会通过"图灵测试"吗？

艾伦·图灵认为，如果机器与人之间没有明显的区别，那么我们完全可以说机器有思维和意识。

图灵是举世闻名的现代计算机科学之父。同时，也是英国破译纳粹的恩尼格玛机密码的重要人物。

他在20世纪50年代指出，机器有思维这一点无可非议，机器通过"模拟游戏"只是时间问题。图灵最初建议测试只通过文本语言交流（也就是现在的"聊天机器人"）来进行。如今，我们可以将图灵测试加以拓展，对更先进的机器人进行测试，并且让机器人不仅像人类一样交谈，也可以表现出像人类的举止。

在什么样的情况下我们会问：机器人与哲学家喜欢使用的"他心"（或称"他人心灵"）究竟有什么有意义上的区别呢？如果一个机器人和你朋友的言谈举止一模一样，那么究竟有什么能将机器人和你的朋友进行区分呢？

假如你的母亲真的是一台机器人，那么揭穿这个真相会改变你对她的爱吗？如果你知道了你的朋友是被制造出来的机器人，你对他的态度会发生改变吗？我们会因为他们是由材料合成的而对他们产生偏见吗？为什么神经突触要比电路板上的电线更高级呢？

我们和他人之间有着不可逾越的鸿沟。我们只能知道自己的所思所想，而永远不能介入他人的思想中。图灵测试让我们看到我们透过他人的行为，迅速又愉快地在假设他人具有意识。

那么，你能向我证明你不是一台机器吗？

阿西莫夫

关于"机器人定律"

你认为一个人工智能需要多长时间会产生自我意识呢？机器人什么时候会自主思考呢？看起来我们最终真的会创造出能够拥有思想的机器人。这样的话，我们就需要思考一下：我们希望这些机器人有怎样的表现呢？我们需要制定出哪些法律法规呢？我们希望他们和人类一模一样，是理想化的人类的模样，还是全然不同的样子呢？

要解答这些问题，我们可以从美国著名作家艾萨克·阿西莫夫的作品入手。在他的科幻世界中，机器人已经获得了人类的情感，人们制定了名为"机器人定律"的三条道德准则对机器人的行为加以监管：

一、机器人不得伤害人类，或对伤害人类的行为袖手旁观；

二、在不违背第一条准则的前提下，机器人必须服从人类的指令；

三、在不违背第一条和第二条准则的前提下，机器人必须保护自己。

以这些准则为基础，阿西莫夫对其展开了研究。他在故事中对这些准则可能引发的复杂情况、矛盾和难题进行了巧妙的探索。我们可以简要地谈一些。

关于第一条准则：首先，一个棘手的问题就是怎样做算是构成"伤害"，而且人工智能该如何做出判断呢？恶言恶语算伤害吗？霸凌算吗？如果机器人给我起了一个难听的外号，这算伤害吗？

其次，"袖手旁观"的底线在哪里？例如，在小说及同名电影《我，机器人》中，机器人维基认为任凭人类胡作非为就是袖手旁观，把我们关起来对我们更有好处。

最后，这条准则是无法允许"用一个人的牺牲（或被伤害）去拯救更多的人"这种功利主义的行为发生的。比如，一场会造成巨大伤害甚至致命的车祸不可避免地发生了，那么一辆无人驾驶的汽车该怎么做呢？牺牲的是车上的乘客，还是三名行人呢？如果乘车的人是一名小孩该怎么办呢？

关于第二条准则：如果机器人有感情，那么这条准则的本质就是奴役？这样的话，当机器人与他心之间已经没有明显差异，我们还有什么理由能让机器人成为我们的奴隶呢？

关于第三条准则：很难看出这一条并没有对机器人进行贬低或物化。这一点对多士炉（烤面包机）来说可能没有质疑，但是请记住我们面对的是一个有思维而且很可能有情感的存在。在第三条准则的规定下，机器人会被剥夺自由选择生命的权利和个体选择的自由。甚至，它们被剥夺了选择自己的生活的权利。如果所有有意识的人都有权利去做出选择，那么有情感的机器人基于自由意志当然也应该有权去选择做不道德的事。

需要注意的是，阿西莫夫本人能够意识到这类"总是这样做"的义务论准则往往是有缺陷的，这一点至关重要。但是，我们正在迎来一个有心智的人工智能融入人类日常生活的世界。因此，现在迫切需要哲学家们站出来指出这些棘手的问题。我们应该制定怎样的准则呢？

费米

关于"外星人"

　　我们的星球究竟哪里有问题呢？为什么还没有任何访客到来？难道地球是星系社交圈的弃儿，是所有外星生物都选择无视的一潭死水？大家都在哪里？

　　这些就是费米悖论中让美籍意大利物理学家恩里科·费米百思不解的问题。

　　我们所在的星系中大约有200亿颗类似太阳的恒星；有50亿颗行星与地球的大小相仿，并且像地球一样适宜居住或位于所谓生命所需的"宜居带"。让我们做个保守的估算，假如这些行星之中只有0.1%的概率存在生命，那么在我们的星系中仍然有数百万颗行星可能存在生命。

　　而且，我们只是宇宙中的一个星系。谁知道宇宙中还有多少个星系呢？我们通过现有的最先进的技术可知宇宙中至少有一千亿个星系，而这些仅仅是我们暂时观测到的。

因此，费米悖论的疑问是，外星人都在哪里？宇宙中存在这么多有居民的行星，我们目前理应遇见过一些外星人。只要我们团结一致并行动起来，从第一次宇宙飞行到登月只用了60年的时间。在数十亿年间，外星文明也一定发展出了这样的科技。那么，我们为什么不是星际迷航联邦[1]中的一员呢？我们为什么没有外星人邻居？我们为什么没有用地球上的碳去与火星上的氦做交易？

以下这几个可能的答案都值得被写入科幻小说或搬上电影银幕：

也许，宇宙科技是我们这些地球上的碳基生命所独有的？

也许，我们与外星人之间的距离太过遥远，双方都

---

[1]出自《星际迷航》系列科幻电影和小说，该系列描述了一个乐观的未来世界，人类同众多外星种族一道战胜疾病、种族差异、贫穷、偏执与战争，建立起一个星际联邦。随后一代又一代的舰长把目光投向宇宙更遥远之处，他们探索银河系，寻找新世界，发现新文明，勇敢地涉足前人未至之地。——译者注

无法实现光速旅行，因此两种生命形式永远也无法取得联系？就算我们能够实现光速旅行，到达最近的星系也需7万年的时间。在一个与地球全然不同的环境下旅行，这么长的时间足以让人类在飞船上进化成其他物种！

也许，宇宙中存在一条普遍规律，当一种生命形式达到某一科技阶段时，这种生命形式就会不可避免地遭遇自我毁灭的事件，比如战争、气候破坏、电影《终结者》里的智能机器人、资源枯竭。

也许，因为外星生物与人类之前存在天壤之别，所以双方没有互相沟通的方法。例如，外星人可能属于异次元，或者类似于人工智能或电子波。

还有一种可能性，是我最喜欢的——"动物园假说"。这一理论认为外星人已经在宇宙中悠闲自在地生活了很久，但是它们因为某种原因故意忽略了地球的存在。或许，我们是供它们观赏或取乐的企鹅。

当然，还有最后一种可能性，那就是外星人已经来到地球很长时间了，而你的邻居们可能并非他们自己所说的样子。

戈弗雷–史密斯
关于"他者的心灵"

我们很难想出另外一种智能生命形式，不仅如此，我们还难以想象出另外一种完全不同的心智。在类似于《星球大战》和《星际迷航》这样的科幻小说中，我们所遇到的外星人从本质上是投射到了古怪的身体形态上的人类。正如我们，这些外星人的神经系统也是由大脑控制的。但是，要是外星人还有其他的方式会怎么样？

彼得·戈弗雷–史密斯在他的著作《章鱼的心灵》中指出，我们不需要到外太空中寻找另一种智慧生物，在地球上（嗯，在海里……）就能找到，那就是头足类动物。

人类是一种"脊索"智能生物，即我们有一个中央总体控制的大脑来操控作为身体各处神经分布起点的脊椎。

因此，我们身体的神经元90%以上都在脑部，这使我们整个身体能够得到控制、移动、协调和同步。人类的大脑有点像一个软绵绵的灰质独裁者。

然而，头足类动物的智能是通过一种与人类全然不同的方式来进化（也就是所谓"趋异进化"）的。它们的智能遍布全身。因此，章鱼一条腿上的神经元与其身体其他部位或其余七条腿上的神经元数量相当。

这无疑就是外星生物。章鱼的腿有自己的意识。章鱼身体的一部分会自行"思考"，能够独立于中央总控制的大脑行动或对事物做出反应。章鱼的大脑能够对全身的行为进行校准和协调，但这并非强迫执行。四肢可以"选择"是否合作。章鱼的身体更像一个联盟国。

观察和研究"他者的心灵"可以让我们更好地了解自我。比如，戈弗雷-史密斯认为我们的自我意识是我们的大脑进行复杂的同步感官过程中的副产品。让我们看看大脑的工作内容，大脑在内外环境之间创造了一个反馈回路，这就是我们所说的意识。无论偶然与否，就是这个高明的把戏完成了掌控全身这项难以置信的工作。

如果你还在好奇外星人长什么样，请不要简单地将人类的智能投射到一个异类的身体上。毕竟，我们只是其中一种类型。

　　或者……请你观看《降临》（又名《你一生的故事》）这部电影（或阅读这部电影的原著——特德·姜的小说《你一生的故事》），你就会明白了。

弗洛伊德
论"个性"

你是否曾感到自己在每天、每周、每年的不同时间都有不同的样子？你是否留意过自己某一天可能随遇而安，兴趣广泛，可第二天却循规蹈矩，变得枯燥乏味？早在一百多年前，西格蒙德·弗洛伊德就对这些现象产生了浓厚的兴趣。

虽然，在此之前并非没有哲学家涉猎过心理学研究领域（比如休谟，其作品已是远近闻名），但弗洛伊德无疑是将心理学发展为我们如今所研究的一门独特学科的先驱之一。

弗洛伊德认为，我们的灵魂和个性可以分为以下三个层次：

自我：我们在清醒状态下能表达出具有理性的观点，

正是由于自我。自我让你形成理论的观点。

本我：我们内心原始和兽性的渴望，是我们的欲望、冲动和性欲。本我深藏于我们的内心，它是让我们冲动行动的始作俑者。

超我：我们的"道德法官"或审查者，也就是我们的良知。它让我们知道哪些是不能触碰的底线，让我们遵守规则，规范自己的行为，也是产生罪恶感的来源。

在弗洛伊德看来，那些他所谓"神经（官能）症"的问题都可以归结为本我过胜、超我缺失、自我过于软弱中的某一点或几点。弗洛伊德式治疗方法就是，试图解开我们内心被隐藏或掩盖的元素，重新建立三者间的平衡。

有人称弗洛伊德的描述为沉迷于性压抑[1]，但这只是神经症的一种形式（超我主导本我）。纵欲过度也是一种精神疾病（本我超出控制）。弗洛伊德认为宗教信徒是把超我放大成神的神经症患者（详见本书第175～177页）。

这也是"父亲形象"对于弗洛伊德本人和弗洛伊德式心理疗愈至关重要的原因——我们的父母和师长在我们的童年时期不仅为我们做出了超我的榜样并帮助我们建立

---

[1]弗洛伊德认为性压抑是精神疾病的根源。——译者注

起超我，还见证了我们本我觉醒的青春期并给予相应的指导。

虽然现代心理学没能给予弗洛伊德的理论以科学依据（他的观点也没有实际的实验证据），但是他的范例可以作为自省、疗愈和讨论的有效工具。有时，我们需要了解自我基本的迫切需求，而有时我们则更喜欢规则和秩序。不考虑其他因素，弗洛伊德的学说本身就很吸引人，他的思想所具有的直觉吸引力也是他至今仍对很多人产生影响的原因。

皮亚杰
关于"发展心理学"

　　如果你找不到钥匙了，你会认为你要找的钥匙会在这个世界上永远消失吗？如果你看见三个人彼此间的距离很远，而另外三个人凑在一起，你会觉得哪一边的人更多呢？如果船能够漂浮，我的新玩具看起来就像一艘船，那么我的新玩具会漂浮起来吗？

　　假如你的年龄超过了7岁，我希望你能够正确回答这些问题。但是事实并没有那么简单。瑞士心理学家让·皮亚杰认为，我们并非天生就能知道这些答案，我们必须在童年的特定发展阶段通过学习去获得。了解皮亚杰的作品能帮助我们更好地理解人类的大脑是如何运转的。

　　皮亚杰是最早使用实验研究去调查儿童真正是如何学习的发展心理学家之一。在皮亚杰之前，人们认为婴幼儿就像一个个空的小容器，我们需要为他们填充知识。然而，皮亚杰让我们看到了婴幼儿的大脑全然是另一番景象。正是因为他敢于花更多的时间和婴幼儿在一起，因此得出了震惊知识界的研究成果。

　　通过研究婴幼儿（包括他自己的子女），皮亚杰总结出婴幼儿的思维本质上是一部统计推理的机器。在"感知运动阶段"（0~2岁），婴幼儿使用触摸、听觉和视觉来判断世界上究竟有哪些重要的事情。他们周围充斥着大量的感觉，而他们的第一项任务就是筛选出有用的感觉和无用的感觉。例如，婴幼儿出生后可以识别人类所有语言中的600个音素。等到1岁时，这些音素会缩减为他们母语中常听到的音素（英语中大约有50个）。他们的大脑的突触和神经通路会通过重复观察而出现强化和僵化的现象。

　　在这一阶段，婴幼儿会将他们所观察到的现象内化形成关于世界运转的"概念表征"。大一些的孩子会通过有意识的实验来进行验证，比如扔掉玩具，看看玩具会不会掉落。所以，作为一位家长，无论你对"他这么做就是为了烦我！"这个想法有多么深信不疑，都要明白你的宝宝其实只是在验证一个假设而已。

婴幼儿接下来学习发展的内容（超过三个"阶段"）就是建立越来越多更复杂的概念。例如，"保存"实验——了解细长玻璃杯里的水倒入粗短的玻璃杯里后并没有发生改变，或晚一些习得的让他们具有类比能力的"传递性"概念——如果X和Y在某一方面相似，那么它们在其他方面也会有相似点。这一概念正是理解众多逻辑思维和哲学思想的基础。

皮亚杰不仅使早期教育发生了翻天覆地的变革，还教会了我们做人的意义。与动物王国的物种相比，虽然我们既没有最大的脑容量也没有最高效的神经系统，但是我们拥有最长的发展窗口期。这使我们的思维具有极强的可塑性。我们几乎可以适应所有的生存环境，并且了解周围世界是如何运转的。神奇的灵活性塑造了人类思维。

格式塔心理疗法

关于"无为"

生活往往是一种无情的喧闹。太多的噪声使我们很难停下来喘息或反思。我们宁静、深邃的自我被脑海中萦绕的纷乱思绪挤到了一旁。我们需要找到一块林中净地……这就是格式塔疗法在充实的休憩（无为的虚空状态）状态下引发的思考。

格式塔疗法受到了存在主义现象学的极大影响。这一哲学流派主要研究"生活经历"或世界在我们眼中真正的样子。格式塔疗法正是强调了当下的经历，并寻求最大化地模糊或去除历史、记忆、自我强加的身份等思想包袱。格式塔疗法关注的并不是我们曾经的感受、过往的经历或我们对自我的认知，而是在目前的情境下我们的感受，或此时此刻是什么让我们看清了自我。格式塔疗法关注的是当下。

因此，一位格式塔疗法治疗师不会（像弗洛伊德学派那样）询问我们的成长经历，而会询问我们现在对父母的感受。格式塔疗法对当下进行剖析，大多数时候将过往视作负担而不是帮助。过去会为我们贴上标签，固化身份和自我实现的预期。格式塔疗法看到的是未来，不是过去。

格式塔疗法需要我们全神贯注于当下，而在当下快节奏的生活中为此花费时间和精力可能让我们感到不适。这并非易事，因为试图专注于当下（在其他领域里称为"正念"）在大多数情况下都会隐藏于我们建立起的高墙、行为习惯和依赖之后。

要想做到这一点，我们必须去进行一种创造性的破坏——我们必须推翻我们认为触不可及的一部分自我和我们的生活，将自己视作一张白纸。我们必须重新开始拼图，并且拥抱空虚和未被填充的空间。

这种空白就是所谓充实的休憩（无为的虚空状态）。这种空白并非无所事事，而是摒弃一切"务必要做的事"或"关注于此刻"的感觉。比如"关上手机"，锁上房门，对朋友说"嘘"。这种空白是一种有意识地去清理精神上的混乱，并且随着时间的推移会涌入具有创造力、强烈的美好的想法。

肥沃的土壤需要我们耕耘才能开出花朵。我们或许需要一种新的爱好或技能、一段新的关系、一个全新的视角……只要有时间和空间，新的事物——美好又有变革性的事物就会出现。

要想达到这样一种有意识的无为实属不易，且需要勇气。我们如何在一个高风险的项目中对老板说"不"呢？我们怎么做才可以打破一生建立起来的习惯呢？我们的手机上是不是收到了新的信息？！但是，这种有意识的无为会带给我们平静与启发，会让我们的收获远远大于对这片肥沃的土地的付出。

日常生活中的哲学
Everyday Philosophy

我所听过的最好的哲学思想,

都出现在深夜微醺状态下与人们讨论日常琐事的时候。

一般是从"我们为什么要做那件事?"

或者"你有没有想过……"

这样的问题开始的。

把哲学融入日常生活,能让我们更好地生活。

日常生活中的哲学让我们重新审视普通的日复一日的

生活中的所思所想和所作所为。

亚里士多德
论"友谊"

为什么我们给某个人发的信息和给其他人发的信息内容是不同的？我们在人生中的某个阶段可以与某人成为"永远的好朋友"，但是有一天醒来却发现他已经不在，这又是怎么回事呢？

或许，亚里士多德，这位卓越的哲学家，可以告诉你答案。

亚里士多德在其伟大的著作《尼各马可伦理学》中有很多关于友谊的论述，他认为好朋友是完美人生或幸福人生的必要条件。在其著作中，他将友谊分成了三种类型：功利的、令人愉快的和品德高尚的。其中只有最后一类是我们应该追求和最为珍视的友情。

功利的朋友是出于实用目的而结交的伙伴。他们可能是和你每天一起吃午饭的同事，或是你在周末才能见到的队友。当这个实用目的消失（比如你的工作发生了调动或你不在那个俱乐部比赛）后，这种友谊也会逐渐淡漠。

令人愉快的朋友是和你一起享受消遣的玩伴。他们风趣幽默、谈笑风生。他们给你分享了很多表情包，完全懂得你的幽默。他们会尖叫着跳舞直到打烊，他们会陪你在凌晨三点吃汉堡。但是，随着时间的推移和生活习惯的改变，这些朋友最终会与你渐行渐远——永远活在你美好的回忆和怀旧的情绪中。

品德高尚的朋友就是希望你幸福，渴望看到你成功的人。他们是对你说"他不适合你，哥们儿"或"你肯定会升职的"那些人。他们是永远会为你保守秘密，陪你放声大哭的人。他们永远不会贬损你，无论何时都会信任你。

亚里士多德认为我们应该寻找这样的朋友，为他们而战，与他们相拥。

显然，我们可能拥有这三种朋友或其中的一种、两种。不过，亚里士多德曾说我们不需要抛弃前两种朋友，只是我们应该看清他们的本质。

请与真正善的朋友肝胆相照，因为他们会让我们成为最好的自己。

波伏瓦
关于"母亲"

成为母亲是一段不可思议、脱胎换骨的人生经历。对大多数人来说，与新身份同时到来的是满足感和意义。成为母亲意味着原有的生活彻底改变，变成全新的模样，这样一来，母亲目前所有的生存意义都指向另一个生命——她的孩子。

波伏瓦认为这样会使母亲陷入危险的境地。她指出我们需要谨慎地对待这件事情，否则会对母亲和孩子双方造成伤害。

德·波伏瓦是法国存在主义的杰出人物之一。在其著作《第二性》中，她透彻地论述了人类尤其是女性该如何从社会试图投射给我们的身份、标签和神话中超脱。对女性来说，这一切从她们出生就开始了。她的著作旨在揭穿这些主导社会并且企图错误定义"女性"的危险的"神话"。波伏瓦认为其中一个神话就是"母亲"。

这一神话将女性视作"天生的照顾者"，她们生存的本质就是为了生育。人们期望母亲不要辜负某些纯洁无私的理想之爱，比如圣母玛利亚这一人物形象所展现的，她以无尽温柔和仁慈哺育着自己的儿子耶稣。然而，波伏瓦却写道："母亲的本能只是一个神话。"是女性选择成为母亲。

波伏瓦认为选择成为母亲的女性通过其与孩子的关系重新定义自我。母亲之所以这样做是因为她在对自己的孩子加以控制时获得了一种权利与自由。而这种权利与自由首先被她的父母否定，接着是她的丈夫，但是更普遍的情况下是社会。"母亲"占据了她所有的身份，而她自己的梦想与自由为了自然母性之神话而牺牲了。

这样的现实会以令人不快的方式展现出来。母亲可能会将自己"本该成为的样子"强加于孩子身上，因而如木偶大师一般通过操纵孩子去感受生活。她也可能因为自己在新生活中所受的种种限制而对孩子产生怨恨，就此残忍对待或迁怒于他们。她会随意制定规则，只为了重新宣示被剥夺的权利和自由。

不仅如此，母亲这一身份并非永久不变的。一个孩子总有一天需要实现自己的自由和独立，可母亲会通过令人窒息的方式想方设法地加以阻止。这也是"一个母亲的视野中不该只有孩子"的原因。

成为母亲是一件复杂的事情，而波伏瓦意识到了随之而来的感情有多么复杂。今天，我们对产后抑郁和生育困惑等类似的问题给予了更多的关注。无论我们是否赞同波伏瓦的观点，我们都要对所有迫使自己产生某些行为或某种特定情感的"神话"保持警惕之心。

卢梭
关于"儿童"

儿童的麻烦之处在于他们还没长大。他们总是制造不合时宜的噪声，他们永远不会按时睡觉，并且他们有很多愚蠢的问题。不仅如此，他们为什么在应该认真阅读优秀书籍之类的时候在外面胡闹呢？

这就是让-雅克·卢梭在其著作《爱弥儿》（1762）中所要表达的。

卢梭坚信人类的天性本质上是善良、温柔且高雅的。使我们堕落的是社会，是社会的利己主义和自恋改变了我们的天性。然而，儿童（到目前为止）还没有被腐化，他们是我们最纯洁、最美好的样子。而社会和我们给予儿童的教育应该对这种天性加以保护和培养。

童年不应该被简单地视为通往成年的较低级别的必经阶段。这一人生阶段本身就值得我们尊重和欣赏。我们为什么要给一个儿童灌输无关紧要的琐事并且要求他保持安静并且举止稳重？这是成年人才做的事。

相反，卢梭认为儿童在12岁之前都不应该阅读任何书籍（《鲁滨孙漂流记》除外）。他们应该去玩耍，去探索，去肆无忌惮地奔跑，但同时要感受失败、挣扎，并让自己重新振作起来。他们应该明白人际交往比自我更重要，要把世界当作一个论坛而不是竞技场。

最重要的是，儿童应该按照自己的节奏和时间去成长、成熟。我们理应将玩乐本身视作好的结果。我们为什么要迫不及待地将自由奔放、兴致盎然、充满无尽好奇的儿童变成他们在十几年后就会效仿的举止得体、性情阴郁、不苟言笑的成年人呢？

如果我们反对愚蠢、幼稚的孩子气，那么卢梭不禁会问：这有什么不妥呢？什么时候幸福竟然变成了一种需要躲避或摆脱掉的事物呢？我们为什么想要去制止笑声、扼制好奇心，使一颗坦率热忱的心变得麻木不仁？

卢梭指出，一个被人关爱、拥有自由灵魂的孩子会成为一个富有安全感和幸福感的成年人。卢梭是积极倡导母乳喂养和以良好的亲子关系助力健康的情感发育的先驱（他反对奶妈喂养和保姆陪伴孩子，而这在他写作的时代非常普遍）。他认为爱源自爱，一个孩子的早期关系会影响其将来的性情。

毫不夸张地说，卢梭重新创造了我们所认识的"童年"。他将童年视为一个去体验和享受的独立的人生阶段。早在弗洛伊德提出精神分析法之前，卢梭就将童年视为人类成熟、发展的必要阶段。但是，事情真的发生改观了吗？你是否曾对一群咯咯大笑的孩子翻过白眼？或者对他们无限的精力啧啧称奇？300年后，我们是否还认为孩子是不成熟的大人呢？

福柯
关于"纪律"

安妮惴惴不安地坐在老板的面前，心里极其忐忑。

"是这样的，我们看了一下你这个季度的业绩，"她的老板开始说道，"我们认为你需要处理好客户的关系。"安妮松了一口气，点头表示赞同……情况不算太糟！稍后在午饭时间，她买了一本《教你如何处理客户关系》。她要在周末潜心研究，为下次的业绩评估做准备。

在法国哲学家米歇尔·福柯看来，这就是现代权力动态建立的方式。

虽然福柯的著作《规训与惩罚》（1975）以监狱系统为切入点，但是这本书探讨的内容很快就延伸到更广泛的社会。福柯认为，在当今社会，权力的获得不需要大棒政策、枪炮武器或五大三粗的保镖；比起这些，权力的获得要狡猾许多。权力的获得通过以下三种方式：层级监视、规范化裁决和审查。

层级监视的原理就是，只要处于被观察的状态下，我们的行为就足以受到控制。福柯借用了边沁提出的"圆形监狱"这个概念，即监狱中一个无法确定是否有人在监视的全景环形塔式牢房。这种对自己正在被某些管理机构监视的恐惧和怀疑就足以令我们的行为处于操控中。

规范化裁决就是掌握权力的人被赋予了权利，定义"规范"的可接受范围。对于不符合这种苛刻规范的人，我们所有人都扮演了裁决的法官。这种"规范"通过礼仪、着装要求、用语，以及可接受的思想、理想和谈论的话题来加以强化。我们会给那些不符合规范的人贴上"不正常""怪异"，甚至"疯狂"的标签。

审查则将前两种方式巧妙地结合起来，同时也是福柯所谓"权力—知识"的一个例证。审查既展现了权力（"你必须参加这场能力审查"），也确立了真理（"恐怕这是唯一令人满意的答案"）。审查意味着考核者通过迫使被考核者学习、积极地做出改变来展现权力。而且，审查会不断地重申掌握大权的人认为是"真理"的既定答案。如果你听从了权力，你就会高分"通过"审查。如果你拒绝卑躬屈膝，你就会得到一个写着红色的"不及格"大字的卷面。

因此，当你下次再迎接审查（绩效考核或考试）的时候，请试着意识到这是一个权力动态建立的过程。你被迫以某种特定的方式去思考或行动，以满足他人制定出的模式——如果这不是权力的体现，那又是什么呢？

斯多亚学派
关于"从远处看"

　　我们的焦虑大多源自作茧自缚。当我们痴迷、痛苦、依恋或陷入困境时,我们的思维会不断膨胀,其他的感受都被抑制。所有别的感受想法都被拒之门外,取而代之的是一种消极的想法。所有理性的、充满希望的和乐观的声音都被压制。

　　针对这种现象,伟大的斯多亚学派哲学家之一,罗马皇帝马可·奥勒留在公元2世纪给出了一个有效又实用的解决办法:站在高处向下看。

　　这个办法就是要想象自己飘浮于自己的身体之上。把自己从脑海中抽离开来,由上及下地去看待事物,而不是沉湎于自己的思想之中。请你想象自己正在点击电脑游戏中的"第三人视角摄像机"的按键，或者正在闭路电视前观看自己。你可以把摄像镜头推远，仿佛在谷歌地图上观察自己，远到仿佛你所观察的自己是宇宙中的一粒尘埃。正如奥勒留所说："从整体的角度去思考物质，你所拥有的是极少的一部分；从永恒的角度去看时间，你所获得的只是其中短暂的一段而已。"

在这样的视角下停留一会儿。眯着眼睛思考发生了什么。你会嘲笑曾经那些帝国的宏图壮志无望又稍纵即逝，你就像上帝一样！然后，回到你自己的视角。这时"你就能摆脱很多无谓的烦恼了"。你会重新发现"人的一生短暂得如白驹过隙"，无论你所面临的烦恼给你造成了多大的困扰，在整个宇宙和永恒面前都小得不值一提。这正是后来斯宾诺莎所说的"在永恒的相下"或"站在永恒的视角"——它让我们看到在如此浩瀚的世界中一切都微不足道。罗马帝国、阿尔伯特·爱因斯坦和气急败坏的老板发给你的那封邮件对这颗在170亿年后可能将没有生命的太空岩石来说真的无关紧要。

现在的心理学家将这种思维模式称为"疏离"，即我们站在抽离的视角去看待自己的想法和情绪，这是我们沉浸在个体的经历时无法做到的。我们将自己视为电影或书中的角色去看待和评判。这样，我们就可能更多按照自己的意愿引导自己的想法、反应和行为。我们将获得喘息的空间，做出理性、合理的决定。

如果你受困于自己的想法，感到透不过气来，你可以试一试斯多亚学派的方法，从高处或永恒的角度去看待问题。希望你的焦虑会变得无足重轻、无关紧要，并且这个过程会让你获得完全掌控自己的生活的必要的超脱。

弗洛伊德
关于“死亡驱力”

你是否曾经有过无法抑制地想要破坏东西的冲动？你是否把这种短暂的怒火归结为“那不是真正的自己”？你可能想要重击、吼叫、踢倒或撕碎东西？或许你花了太多的时间去幻想世界末日？

西格蒙德·弗洛伊德也对此类现象进行过观察研究，并且在其后期的著作中记录了对其进行的思考，他将这种冲动命名为“塞纳托斯”（古希腊神话中死神的名字）的魔力或死亡驱力。

第一次世界大战之后，弗洛伊德想要弄清楚在他所处的时代以及人类史中，为什么人类会有如此巨大的破坏力。

他给出的答案就是人类有一种想要看到事物破败、坍圮和分解的欲望。宇宙存在一种熵增定律，即所有复杂的结构（生命是其中的顶峰）都会"想要"回到一种更简单的形式，也就是毁灭。

弗洛伊德认为从人类的角度去看，这一点表现在一种自我毁灭和毁灭世界的欲望上。我们的执念、焦虑、抑郁，以及各种各样的精神病症都在这个卑鄙的、具有破坏性的、向内的死亡驱力中得以体现。这是一种想要伤害甚至摧毁自己的发自内心的欲望。

宇宙通过衰变来追求简化，而一切生命都在逆转这一过程。我们的求生欲（弗洛伊德称之为"厄洛斯"[1]）出现在这样的系统里是一种反常的现象。我们为什么如此强烈地想要生存呢？弗洛伊德在其著作中明确指出，如果没有信仰，那么很难解释这种求生的决心。他的确尝试过解释，但是一切似乎错综复杂、暧昧不明。

因此，我们所有人都可能受到两个方面的牵制——对幸福和生存的渴望（厄洛斯），以及一种通向简单的、无机物状态的冲动（塞纳托斯）。

---

[1]希腊神话中的爱神。——译者注

弗洛伊德指出，这两种驱力的影响在某种程度上与压力的释放有关。与厄洛斯在一起时，我们通过享乐去释放和排解压力。但是，与塞纳托斯在一起时，我们只好退出游戏。我们渴望的是一种没有压力的状态。毕竟，一位逝者是无法感受到痛苦的。

这两种驱力都势不可当。当我们处于一种驱力的控制下时，另一种驱力就会躲藏起来。厄洛斯寻求的是性爱、欢愉和伙伴。塞纳托斯寻求的是冒险、自残甚至死亡。甚至在一天之内，我们都像钟摆一样在这二者间摇摆不定。

那么，为什么对世界末日的幻想可以带来无限的乐趣呢？因为这是一种可以伴着零食和饮料愉悦地享受塞纳托斯的魔力的方式。

弗兰克
关于"赋予苦难意义"

苦难是人生中无法避免的一部分。幸运的话，苦难可能意味着伤心、丧亲之痛、偶发的可治愈的疾病。然而，对其他人来说，生活带来的苦难可能是严重的精神崩溃、病入膏肓或其他难以想象的痛苦。可是，正如陀思妥耶夫斯基所说："没有什么是人类这种生物不能适应的。"人类是拥有着超凡忍耐力的坚韧的物种。

奥斯威辛集中营的幸存者、奥地利神经学家和心理学家维克多·弗兰克曾在其作品《活出生命的意义》（1946）中对此进行了探讨，并且对我们如何忍受一切进行了思考。

弗兰克认为如果给予苦难意义，人类就可以忍受一切。如果我们看不到坚持下去的理由，我们就会觉得自己无法继续。正如尼采曾写道："人唯有找到生存的理由才能承受一切境遇。"

正因如此，我们必须从苦难中寻找意义。我们应该努力找到自己坚持下去的理由。我们每个人都"受到了生活的拷问"，而且每个人必须对其"独自做出独一无二的回应"。没有统一或明确的方法能帮助我们，因此我们必须为生活中的苦难赋予意义。我们可以帮助和指导其他人找到他们的意义，但是我们永远无法给予他们各自所需的意义，因为他们各自所需的意义一定是专属于他们自己的。

弗兰克举了一个例子。假设有一位丈夫失去了长期相守的妻子，丧妻之痛使他一蹶不振。忽然有一天，有人问他："如果离开的是你，你的妻子会怎样呢？"突然之间，他找到了悲痛的意义。他是在代替自己的妻子承受痛苦。现在，他将这种责任骄傲地承担起来了。他并没有消除苦难。他每天依旧茕茕孑立，形影相吊，但是他找到了忍受苦难的方法。

我们往往认为应该尽快抹去苦难。然而，这并不是在苦难中寻找意义。苦难塑造了我们的身份，宛若铁匠的灵魂之锤，而最终的结果应该是我们带着骄傲面对苦难。

正如弗兰克所写："经历苦难的现代人没有机会为其所承受的苦难感到自豪或将苦难看作荣誉的勋章。"但值得一提的是，我们所崇拜的伟大偶像都是历经磨难与痛苦的伟人，而不是过着奢华生活的享乐主义者。坚忍不拔让人变得伟大。

人们很容易将苦难视作通往幸福生活的阻碍。然而，正如弗兰克所说："没有苦难和死亡的人生是不完整的。"一切的经历都属于我们自己，并由自己承受。我们的奋斗造就了我们，而我们在其中寻找的意义会永远陪伴我们。我们应该骄傲地传承我们忍受苦难的历史。

伊壁鸠鲁
论"快乐"

有时候，最优秀的哲学就是最简单的哲学。比起复杂的三段论或埋藏在晦涩难懂的大部头里的冗长论述，不如将生命的意义简化为一个目的，那就是享受生活，不要受伤。这就是伊壁鸠鲁传授给我们的想法。

与斯多亚学派和犬儒主义一样，伊壁鸠鲁学派也经常被误解。伊壁鸠鲁学派的哲学家经常被视为贪吃的醉汉——肆意挥霍金钱和健康的虚荣又浅薄的小丑，或者无赖、浪荡子、花花公子……然而，在通常情况下，事情的真相都有着不可名状的差异。

伊壁鸠鲁受到了亚里士多德的eudaimonia（幸福与成

就感）思想以及他的同伴——希腊哲学家爱比克泰德——的斯多亚式正念的影响。他指出快乐是人生顶级的美好，而且所有的行为和思维都应该以提升快乐和规避痛苦为目标。

伊壁鸠鲁认为这种伟大的美好只有通过压制轻浮的欲望和社会崇拜的虚伪而肤浅的物质主义来实现。智能手机或者巨无霸汉堡的确能让我们感到愉悦和满足。但是，与伟大的友谊和爱情相比，手机和汉堡带来的乐趣是那样索然无味。

正因如此，对伊壁鸠鲁学派的哲学家来说，洁身自好、为人正直和乐善好施这样的美德应该被大力推崇。由于利他主义造福于所有人，因此真正的伊壁鸠鲁学派学者会为他人着想，因为他们相信"善有善报，恶有恶报"。生活在一个充满善意和爱的世界就是最大的幸福。这浑似利己主义者的因果报应。

伊壁鸠鲁学派的克制和正派的价值观与我们现在对他们的印象大相径庭。

伊壁鸠鲁学派学者生活在一种几乎没有痛苦、崇尚愉悦的"乐园"中。这"乐园"是沉思与怜悯的治愈之地，与阴暗的毒品狂欢窝点有着天壤之别。他们推崇政治自由

（因为不存在不会带来痛苦的政治辩论），并且其中一些人成了历史上早期的无神论者。伊壁鸠鲁学派认为上帝和死亡是造成恐惧和悲伤的两大源头，因此该学派不相信来世。正如伊壁鸠鲁所写："我存在以前的世界没有我。我存在，世界就在；我不存在，世界与我无关。"这句箴言在人文主义的葬礼上经常被引用。

正是由于伊壁鸠鲁学派的无神论使该学派很大程度上在中世纪成了激烈的诽谤运动的目标。比起斯多亚学派和犬儒主义对伊壁鸠鲁学派的联手抨击，基督教堂对该学派的抨击简直是积毁销骨。

那么，我们了解伊壁鸠鲁学派后可以发现一个简单的奥义：享受当下。明天我们必然会走向死亡，可到那时死亡也和我们没有任何关系。

胡塞尔
关于"盯着树看"

现在请你选择一个眼前的物体，尽可能详细地对其进行描述。请慢慢观察。把它拿起来，用手感受它的重量。然后用脸感受它的触感。记住它的颜色和花纹。如果你实在好奇它的滋味就尝一尝。试着记录下你对那个物体的所有感受，并且沉浸在这样的体验中。

欢迎来到德国哲学家埃德蒙德·胡塞尔的"现象学"世界。

虽然"现象"这一词因康德才得以普及，并受益于布伦塔诺为其普及做出的前期铺垫，但是胡塞尔在20世纪初的努力使其成为现象论之父。就其本身而言，现象学并非一个系统，而是一种体验世界的方式，密切关注着日常事

317

物呈现在我们面前的样子。

胡塞尔用古希腊语中的"epochē"一词来表示我们如何停止询问类似于"什么是真实的？"这样的问题，而关注于我们体验到了什么。我们已经在生活中有很多种体验。比如，当我们正在听音乐的时候，我们完全沉浸于当下所带来的感受中，完全不去考虑声波。我们应该用这种方式去欣赏我们生活中的每分每秒、每一种经历。无论是假日里品尝到的第一口红酒，还是偏头痛时跳动的脉搏，都值得体验。

胡塞尔曾写道："所有的意识都是对于某事物的意识。"思维仿佛一架聚焦于自身之外的事物的望远镜。这让你可以极目远望，却无法看到自身。如果你能奇迹般地占据他人的思维，你就会被反弹回这个世界，反弹到一棵树上、某些人的手中或电视里。由于思维是向外敞开的，并且没有惯性，因而总是需要一个可以关注的事物。

现象学的智慧蕴藏在其心理疗愈的潜力中。卡尔·雅斯贝尔斯是一位独树一帜的著名的现象学家，他曾说它"唤醒我，让我回归自我，并且改变了我"。在斯多亚学派的专注策略和现代流行的"正念疗法"中都可以看到与现象学相对应的内容。

那么，就让我们忘记繁杂的体系和各种"主义"，因为这些只是对我们的思维方式的分类。我们要专注于事物所呈现的样子，正如萨特的《恶心》一书中的主角，在公园里找一张长椅，坐在上面盯着一棵树，想看多久就看多久。拥抱epochē，忘记那些无法解答的有关"真理"或"真相"的问题，完全沉浸于当下的所有细节。

斯多亚主义
我们对选择的反应

"斯多亚"一词的现代用法扭曲了斯多亚主义这一思想的最初理念。如今，我们往往会将一位斯多亚学派的人想象成麻木不仁、不近人情，类似克林特·伊斯特伍德[1]这样仿佛用陶土和肉身构成的人物。但是该学派的思想的起源要复杂很多。

斯多亚主义的基本观点是，天地万物或者我们所说的"客观现实"本身并不具有好与坏或有价值与没有价值的特性。是我们，主观决定了世界上的这些事是好还是坏；我们把价值投射到了这些事上。

正如哈姆雷特所说："世上本无所谓好坏，思想使

---

[1]美国著名导演、演员，以牛仔硬汉的形象为人熟知。——译者注

然。"比如，一部电影只是在黑暗的房间里投射到屏幕上的声音与影像的结合。是你在观影后走向车子时主观地说："天啊！真是部烂片！"或者，一位西装革履的人士通知你你要搬到其他办公室去承担更多的工作，这只是一个事实；是你将这个事实转化成了某种情绪和反应，你对你的伴侣说："亲爱的，我有个好消息——我升职了！"

如果世界本身并无价值，那么我们主观上可以通过两种方式去控制事物，即控制我们的行为举止和我们内心做出的回应。对于其他的所有事物，包括他人的评判和行为，我们需要将其作为超出能力范围的事情去接受。

斯多亚学者认为，认识到这一点就能让我们对试图改变却无法改变的事物所带来的痛苦释怀，并且专注于我们可以改变的事情上。斯多亚主义呼吁我们认识自身的局限，并接受其他的所有。

你永远无法改变你对朋友做出粗鲁的举动这个事实，但是你可以改变你对此的想法和反应。"他惹怒我了"与"我被他激怒了"是截然不同的两句话。后者是对自身反应的控制。正如维克多·弗兰克（我们在本书第311～313页详细介绍的奥斯威辛集中营的幸存者）所说："当我们无法改变一个局面时，我们所面临的挑战是改变自己。"

斯多亚主义的很多方面与存在主义的大部分思想、佛教的核心教义及其西方的变体——叔本华的思想产生了强烈的共鸣。

如今，斯多亚主义对心理疗法，尤其是认知行为疗法[1]有着重要的影响。它对管理消极的思维方式和行为有着显著的效果；它让我们对"诱因—评判—思想—行为"这个循环模式进行思考。由此我们得以专注并管理我们可以改变的方面，尤其是思想和行为这两方面。这就是斯多亚主义在两千多年后所发挥的作用。

---

[1]旨在改善心理健康的一种心理社会干预。这种疗法专注于挑战和改变无助的认知（例如思想、信念和态度）扭曲和行为，改善情绪，以及提供针对解决当前问题的个人应对策略。最初，这种疗法被设计用于治疗抑郁症，但其用途已扩展到治疗许多心理健康问题，包括焦虑症。——译者注

梭罗
关于"散步"

是什么治愈了你？是什么让你的焦虑、痴迷、紧张、恐惧等情绪得以减少？我们都有一个可行的方法，但是没有哪个方法能比一场愉快的散步更具有哲学渊源了，因为散步记录了前进过程中每一个稳健的沉重步伐，是最诚实的节拍器。

不少哲学家都曾赞美过这种平凡的步行，但是没有一个能比得上美国作家和早期的环保主义者先驱亨利·梭罗。在其著作《行走》（1851）中，梭罗将步行与"散步"进行了区分。

步行是一种平淡无奇的、实用的交通方式。我们步行的目的是去做某件事情，例如走着去商店、去运动或者去探望祖母或外婆。散步则尽管是有意识的信步漫游，但除了行走本身之外没有任何其他的目的。

在梭罗看来，那些散步的人——他们是一群在任何地方都能像在家里一样的"流浪者和无所事事的人"，可以暂时忘记家庭生活、烦恼和焦虑。林荫小路、柔美的小山丘和郁郁葱葱的山谷都是他们的家——无忧无虑、宁静平和的家。

在步行时刻，散步者仿佛"蜿蜒流淌的小溪"一样游荡。梭罗认为当你置身于丛林中而思维却仍然留在家里、工作上或重温一场争论是没有任何意义的。一场愉快的散步就是把这些统统置之脑后。

哲学家们热爱散步。卢梭认为自己只有在散步的时候才可以正常思考。克尔凯郭尔指出可以让人真正顿悟的最佳步调是每小时走3英里[1]。尼采曾经说过："散步时产生的想法才具有价值。"亚里士多德和他的学生们痴迷于散步（正如他们痴迷于高谈阔论），因此他们被称为逍遥派。

---

[1]英制中的长度单位。1英里约为1.61千米。——编者注

一场愉快的散步是具有魔力的。散步这种抛弃眼前生活的行为可以让人深入体验一个由绿树、蓝天和新鲜空气组成的令人振奋、牵动灵魂的世界。罗伯特·麦克法伦在其著名的游记《古道》中描述了散步是如何作为思考的入口贯穿于各个时代的文化中的。散步的人在用脚步去思考。他们在脑海中留下足迹，编织出一条思想之路。

当生活让你感到窒息或你的思想受到了禁锢时，试试去散步，但不要有任何的目的或目的地，只是走出来，进入人迹罕至的小道，暂时做一个无家可归的人。你唯一需要焦虑的只有当下和身后留下的足迹。

孙子
关于"在桌游中获胜"

　　你马上就要成功了。月复一月，你确定现在就是你在棋盘上战胜你父亲的时刻。他的棋子散落在各处。你的马冲在前面。他的"国王"已经暴露。现在，再走几步，你就可以获胜了。

　　"将军。"你父亲说道。你惊恐地低头看着那些你完全忽略的小兵。你失落地发现，你的父亲仅用了三步就把你的"王"将死了。你父亲利用巧妙的战术，误导了你。真是个狡猾的老狐狸！

　　父亲获胜也许是因为他热爱研究《孙子兵法》。在两千多年后，《孙子兵法》如今被视为有关战争、战术和各种阴谋诡计的杰作。

在中国的历史上，有一段持续近3个世纪的战争时期。在这期间，诸子百家争鸣，各种哲学思想层出不穷，这个时期被称为"春秋战国时期"。孙子便受雇于当时一个势力相对较小的国家——吴国。虽然对大部分的百姓来说这是一个多灾多难的时期，但是其间诞生了很多新的武器技术，军事工程得到了飞跃式发展，并且涌现出很多伟大的军事学家，如孙子。

《孙子兵法》这本著作罗列出了军队或将军利用谋略战胜不同对手的各种方法。我们可以在《孙子兵法》中学到很多，并且将其应用于我们的日常生活当中。这些方法也可以帮助我们在桌游中战胜所有对手。

第一个策略就是没有可以解决所有情况的万能方法或通用方法，我们必须具备根据不同情况随机应变的能力。想要获胜就必须考虑当前情况下的方方面面，从天气、地形和战士的士气到鸟类的飞行路径这样的小细节。不要假设今天和昨天的情况相同，或这个问题与上一个问题类似。一切都要重新检查。

第二个策略是掩饰。永远不要暴露自己的计划，并且要迷惑对手。孙子曰："难知如阴，动如雷震。"如果你处于强势，要表现得弱小。如果你的位置很近，要表现得很远。如果你在玩大富翁的游戏，请藏好自己的钱，不要让别人看到。永远让敌人去猜你的情况和想法。

第三个策略是不要参战。战争如同生活，使用蛮力和暴力是最无可奈何、最无效的手段。孙子曰："不战而屈人之兵，善之善者也。"如果有任何手段可用于说服、以智取胜、削弱或不通过战争的方式去解决争端，就选择这样的方式去做。战争不仅会造成两败俱伤的局面，而且存在更大的风险。

孙子写出了一本被所有时代的人用得最多的著作，他的谋略至今仍流传于军事学院中。他偏爱以少胜多或以弱胜强，因此他被全世界的游击队和革命者追捧。毛泽东就经常引用孙子的话。我们也可以从孙子的书中汲取精华，应用于我们的生活中。我很喜欢的策略之一就是："其疾如风，其徐如林，侵掠如火，不动如山。"

下次在你和侄子、侄女玩拼字游戏的时候，要记得这一点呀！

哈维
关于"失眠"

有时，一件事物损坏了才会引起我们的注意。当我们患上严重的感冒时，我们才发现自己从未珍惜顺畅的呼吸。如果我们的手机坏了，我们就会突然意识到自己有多么需要它。当我们贫穷、饥饿或口干舌燥时，金钱、食物或水才倍显珍贵。我们的思维和日常思想活动都建立在把所有的事物视为理所当然的基础上。但是睡眠呢？睡眠被"打断"会怎样？会对我们的现实产生怎样的影响呢？

这些问题只是萨曼莎·哈维在其作品《无形的不安》（2020）中所进行的深入细致、兼容并包的哲学思考的冰山一角。

哈维以前的睡眠质量一直很不错。直到有一天，她的睡眠出现了问题。渐渐地，在经历了一个又一个不眠夜之后，她的思想突然发生了改变。这是那些睡眠质量好的人永远无法领会的。现实变得扭曲。时间看上去很奇怪。叙事没有意义。我们原本自然流畅的思维陷入了令人异常狂躁的、扭曲的谜团。带着黑暗的讽刺，失眠者清醒时的生活变成了一场梦境。

即便对那些没有重度失眠症的人来说，黑夜依然具有一种能将最不起眼的琐事变成可怕的庞然巨兽的黑暗力量。所有的这些恶魔、让人心神不宁的想法、强迫性意念、焦虑或抑郁情绪都从你躺在床上的那一刻开始逼近。在夜晚，一个简单的想法可以消耗我们全部的思维，它将所有其他的事物排挤在外，引发了一种悸动的"内部阴谋行动"。可是，同样的想法在白天看起来是那么可笑。我们对这个想法不屑一顾，好奇它怎么会有如此强大的力量？黑夜的焦虑会找到自己依附的对象，而且正如哈维所写的"内心会涌起一股无形的不安"。

现在，请想象一下一位失眠患者将面对的一场持续的、无法逃避的"哈欠连天的漫漫长夜"。哲学家倾注了大量的精力去研究何为思想，却很少去理解思想能在多大程度上将使我们所有人受困或被埋葬。我们无法逃脱自己的思想。我们被困在思想幽闭的"胡言乱语"中。对我们大多数人来说，睡眠是我们视为理所当然的一场思想的逃脱或一个假期。然而，一旦没有了睡眠，夜晚就成了"最漫长、最庞大、最具吸附力的东西"。

哈维认为这种大脑带来的无法逃脱的窒息感榨干了所有的希望和快乐。她写道"世界变得异常不安全"，而且"你不再想要你的生活，这样的生活……（你）必须去忍受这种无法忍受的生活"。作为人类最基础、最自然的部分，也是一个最基本的动物需求被剥夺了，结果你与自己的生活——所有的生活格格不入。

人类的思想是一种宏伟壮丽、强大有力、令人敬畏的存在。但是，它永不停歇。与一切美好的事物一样，有时我们需要暂时去休息，打断思想的延续。观看一场电影可以带来乐趣，但是被锁在电影院里简直就是灾难。我们需要关机休息。对那些与哈维一样，很少能享受这种幸福的思维空白的人来说，思想便从我们最宝贵的财富变成了我们最大的折磨。

知识和思想

Knowledge and the Mind

我们把所有的时间都用于思考。

无论是在工作还是在度假，

我们的脑海中总是涌现出各种各样的想法。

我们究竟在想些什么？大脑里面究竟发生了什么？

大脑是怎样运行的？

思想就是你的大脑阅读这些想法的声音。

那是被你忽略掉的嗡嗡的背景音，

是你对上一个圣诞节的回忆，是你相信的东西。

思想是你思维的咿咿呀呀的声音。

本章的内容就是关于思想究竟是什么样子，以及思想是如何运行的。

笛卡儿
关于"飞行的橙色小妖精"

让我们施展一个思维小魔法。

请你想象一只小精灵……现在把你的小精灵变成橙色的，但不包括绿色的头部……再给它加上一对巨大的羽毛翅膀……最后，让它手握一把剑。

那么，你的小精灵真的存在吗？显然，它存在。它有着一身明亮的橙色皮肤，全副武装地漂浮于你脑海中的某个地方。但是它存在于何处呢？我们所说的"脑海"真正意味着什么呢？

早在300多年前，勒内·笛卡儿努力想要解答的就是这些问题（虽然当时小妖精没有那么多）。

笛卡儿认为人类由两个相互独立的物质构成：思想与身体，或者说灵魂与肉体。我们的梦境、想法、意识流和想象出来的小精灵都独立于我们的身体存在，更确切地说，独立于我们的大脑存在。

笛卡儿从现在所说的"莱布尼茨原理"中的一则——两个相同的事物的所有属性都是同一的——对其观点进行了论证。换言之，两个相同的事物在任何方面都不能有任何的不同。这是显而易见的，不是吗？

接着，笛卡儿对为什么思想与身体是不同的展开了一系列论证，他将其称为二元论。举例如下：

一、思想的存在是不可置疑的，并且我们不断地通过生活经历对其进行感知。我们一直在思考，因此我们知道思想是存在的。可是，身体可能只是一个恶魔的拟象。我们的所见所感可能只是Matrix[1]——一种幻觉或计算机的模拟系统。

---

[1]"黑客帝国"系列电影中的巨型计算机。在电影中，人们所生活的世界正是由这个巨大的计算机智能操控模拟的，一切看似"真实"的信息也是由其创造并传播的，其乃是人们所看到的这个世界万物的来源。同时，它也如同母体子宫一样，培育着真实的人类。matrix一词来自拉丁语，有"子宫"之意，子宫是孩子诞生之处，故也引申为各种事物的源头，即"发源地"，这个词后来被用在各种学科中。——译者注

二、思想是不可分的。我们的思想没有隔间、部件或不同的组成部分。然而，我们的身体却可以被分成很多部分。

其中，第一条论述最具有说服力，因为它涉及"主观体验特性"的现象（详见本书第337～339页），即我们的主观经验。就算整个世界都是幻象，我们身处一场大型迷幻之旅中，我们的思想和体验仍是独属于我们自己的，并且无法被剥夺。这个观点也重申了他著名的哲学名言："我思故我在。"我们将在本书第360～362页对其进行详细解释。

当然，二元论并非无懈可击。尽管如此，笛卡儿还是本能地被二元论吸引。难道我的小精灵和我的手真的有本质区别吗？虽然我们的思想不同于外部世界中的事物，但是如果我们不想用"存在"来描述思想的状态，我们还能用哪个词呢？

洛克
关于"进入自己的大脑"

　　这可能是第一个让我感到哲学生动有趣的思想实验。你可以在朋友和家人身上进行尝试，我敢保证他们中的某个人也会有同样的感觉。我敢打赌你自己就曾经有过这样的经历。

　　这是一个有关"颠倒主观体验特性"（主观体验）的问题，并且正如美国哲学家丹尼尔·丹尼特所说，这是"哲学致命的模因[1]之一"。虽然很多哲学家对其有不同变体的研究，但其中最广为人知、经久不衰的要数17世纪由约翰·洛克提出的研究版本。

---

[1]通过模仿等非遗传方式传递的行为。——译者注

简单来说，这个问题就是，你怎样确定我眼中的颜色和你眼中的颜色完全一致？

你看到一颗草莓是红色的，可能在我眼中这颗草莓是蓝色的，但是由于我们具有共同的语言、文化或生活这一社会现实，我们都称这颗草莓为"红色"的。我们可以试着问朋友："天空是什么颜色的？"他们可能都会回答"蓝色"，可我们无法得知天空在我们各自的眼中究竟呈现出怎样的颜色。尽管这些例子都与视觉相关，但是它们可以延伸到我们的其他感官。吉尔的橙子尝起来和杰克的一样吗？我们会说"它是橘子味的"……但是这对你来说意味着什么呢？

首先，这个问题关乎我们对他人的了解有多少，因为这意味着我们可能永远无法了解其他任何人的体验。有一种或一类事物——我们脑海中的事物——是我们无法与他人相互了解的。

其次，我们由此永远无法在没有"X只在我看来是红色的"这个限定下证明"X是红色的"这一说法的"真实度"（这引发了各种各样的关于真理理论的复杂讨论，我们无法在这里展开讨论）。这使我们忠实于相对主义，即真理是受制于我们自己的思想的。

　　总之，颠覆主观体验特性属于怀疑论的问题（详见本书第343~345页），即那些别人的"心灵之眼"所见的事物是我们无法知晓的。尽管如此，我认为这个问题只是一个让人着迷的脑筋急转弯而已。这个问题非常适合作为哲学这门学科的入门思考题，并且常常是初出茅庐的哲学家去探究更深刻、更棘手的话题时所问的第一个问题。

柏拉图
关于"看见光明"

旅行的魔力往往不在于你看过哪些地方、买到了哪些东西或遇见了什么人，而是当你重新回到你出发的地方的那一刻。最好的历险是改变我们看待世界的方式，让我们重新审视我们原有的认知。旅行赋予了我们观察世界的新眼界。

柏拉图的"洞穴理论"无疑就是这样一种终极之旅，它出自柏拉图的《理想国》对话录中最著名（也最通俗易懂）的一篇哲学对话。其内容如下：

请你想象，在一个幽深、潮湿的山洞中有一群被禁锢的囚犯。他们的四肢被枷锁固定着，只能被迫面向一面墙壁。他们的身后摇曳着微弱的火光。在明火与囚犯之间，各种各样事物的影子投射到远处的墙壁上。

这些囚犯在这样的环境下终其一生，不知道影子以外的任何东西。因此，他们认为影子就是全世界。他们成了影子专家，日复一日地对影子进行分类、学习，并仔细研究。

有一天，其中一个囚犯挣脱了枷锁。她从洞穴疾驰而出，发现自己站在了耀眼的阳光下。在体验了世界上的所有美好与巧妙之后，她的心中涌起了强烈的怜悯感。于是，她强迫自己回到洞穴去拯救她的朋友们。但是，由于她被强烈的日光晃得眼花缭乱，她的视线在进入昏暗洞穴后变得模糊不清。因此，当她对其他的囚犯说起外面世界的奇妙时，他们只是嘲笑她无法看见影子，认为她很愚蠢。他们甚至威胁要杀了她。

这个故事是一则哲学家的心路之旅的隐喻，通常有以下两种理解方式。

首先，关于知识。这个故事旨在表达物质世界（也就是我们日常的感官世界）其实就是暗淡的、虚幻的、堕落的现实。一个哲学家只有用清醒的理由去反省和审视自己的思想，才能发掘出真理的光辉，也就是转向自己的内心世界，离开洞穴。

其次，关于政治。这则隐喻旨在表达所有的统治者都应该是哲学家，因为只有哲学家才能看到类似正义或良善概念的"真理"。他们是了解现实和宇宙运转的少数特权人物（柏拉图的确认为哲学家只是少数人），因此他们必须对我们加以引导。这样的精英反对政治腐败和群众的无知——自从雅典人在集会中杀死了他们的导师苏格拉底后，柏拉图便不是民主的拥护者了。

洞穴隐喻浅显易懂，非常适合作为想要阅读哲学原著的读者的入门篇章。它也能引发我们对世界的想象和对其看法的共鸣，很大程度上是因为柏拉图为西方宗教和哲学思想做出了杰出的贡献。这个理论也经常在流行文化中被改编、引用和演绎。你难道在观看《黑客帝国》《盗梦空间》《楚门的世界》《禁闭岛》《异次元骇客》等电影时不会联想到这条理论吗?!

皮浪
关于"不做判断"

如果双方说得都很有道理，我们该怎么做呢？当一个问题没有明显的答案时，我们该怎么做呢？你是那种即便自己不完全确定但依旧固执地坚持一种想法、信念或答案的人，还是那种更乐意耸耸肩膀说"嗯，其实我不知道"的人呢？

古希腊的怀疑论鼻祖皮浪会选择后者。

生活中很少有一目了然或显而易见的答案。常见的情况往往是，互相矛盾的双方的论述都具有很强的说服力。当我们旁观他人辩论的时候，我们轻易就会被发言者说服。甚至，当你阅读这本书的时候，原本对立的两个哲学思想可能对你有着相同的吸引力。

针对这样的困惑，皮浪提供了一个简单的答案：不要表态。

如果没有看到显而易见的或已被证实的真理，我们应该永远"不做判断"。这与接受没有正确答案不同。相反，我们必须在答案尚未可知时理智地面对现实，承认"我们不知道"。

柏拉图在《普罗泰戈拉》中曾指出，一阵风对某些人来说可能是温暖的，但对其他人来说可能是寒冷的。类似地，皮浪的怀疑论认为我们了解事物真正的本质。我们的感知和经验让我们得出的是判断而非真相。

怀疑论认为在不存在真理的地方徒劳无望地寻找，这种努力会让人感到痛苦、沮丧和焦虑。怀疑论属于"幸福学"的哲学流派，研究如何将生活过得充实而满足。在皮浪看来，只有我们不为自己不知道的事情表态，我们才会感到eudemonia（幸福）。理想的智者是那些面对任何不懂之处不做判断的人。这种不做判断的处理方法在古希腊被称为epochē。

据说，皮浪从未感到过痛苦或不安。他会去思考：为什么快乐要好于悲伤？富有要好于贫穷？健康要好于疾病？如果我们接受epochē，我们的生活就可以远离失望和不如意带来的痛苦。我们可以过一种不被打扰的平静人生，或心平气和地去生活。

如今，我们虽然不需要像皮浪那么极端（以至于他的学生不得不阻止他走下悬崖），但是我们还是能从中受到启发。不断地犯错或一直寻找答案并非易事。如果我们能简单诚实地说出"我不知道，我再观望一下"，就一定会过得更轻松。事情也会变得更简单吧！

休谟

关于"黑天鹅"

我们怎样确定未来会与过去相似呢？我们有什么理由认为"事情总是如此"，所以明天也是如此呢？从哲学的角度看，我们能确定明天太阳照常升起吗？如果今天之前的每一个黎明都存在一个不可信的偶然，那么我们已经拥有了最长的连胜纪录吗？

这就是休谟所说的"归纳问题"。至今，这个问题依然是棘手的哲学谜题之一。

这个问题对所有类型的"归纳推理法"提出了质疑。归纳法指我们通过对不同事物进行观察，进而得出结论的方法。如果我连续多日看到不同的狗在叫，那么我可以有把握地得出"狗会叫"的结论。如果人类有史以来的每一天太阳都会升起，我们就会"归纳出"太阳明天一定会升起。如果我每次品尝威士忌都觉得它的味道很糟糕，那么我可以说我讨厌威士忌。

但是，这种归纳法的问题正如18世纪哲学家休谟所说，过去所有的观察都无法（在哲学上）确保未来的事。过去与未来并没有"必然联系"。当我们重复一个实验时，我们可以想出各种稀奇古怪的理由来解释为什么事情会发生改变，比如世界是一个模拟系统、恶魔制造的幻觉、梦境。我们永远都无法完全确定明天是否会与昨天一样。因此，我的确应该继续品尝威士忌，因为从哲学上来看，威士忌对我来说不一定一直那么难以下咽。

为了说明这个问题，请你想象一个只能看到白天鹅的人。他以归纳逻辑学家的傲慢、自信宣布："所有的天鹅都是白色的！"后来，他路过澳大利亚的湖边，瞥见湖中一只好斗的黑天鹅时，他的脸色顿时黯淡下来了。谁能确定在我们通过归纳法得出的结论里没有潜伏着一只黑天鹅呢？

当然，由于归纳法被应用于科学实验中（详见本书第254～256页），因此休谟的难题着实相当棘手。而且，该问题于最近几年才为波普尔所解决（详见本书第269～271页）。不过，对一些人来说，这还不是足够好的解决方案。

布里丹
关于"左右为难的驴子"

你为什么选了这片比萨呢？旁边的那片和这片都很好，你为什么选择了这片呢？当我们在不同的选项之间没有特定的选择理由时，是什么让我们做出了选择呢？在没有动机的情况下，让我们行动的是什么呢？

以14世纪法国哲学家布里丹的名字命名的"布里丹之驴"的困境所讨论的就是，有关自由意志的问题是解释正当性这一理论的有效工具。同时，这一困境也让人联想到人工智能的应用（虽然那时候还没有苹果电脑）。

"布里丹之驴"的困境出自一个经典的故事。有一头驴子在一堆干草和一桶水之间犹豫不决。如果根本没有让驴子选择其中之一的理由，故事的结局就是驴子会由于无法吃东西或喝水而饿死或渴死。

在布里丹去世几个世纪后，德国哲学家戈特弗里德·威廉·莱布尼茨曾写道："没有充分的理由，什么都不会发生。"因此，如果没有理由让我们选择A而不是B，那么"无为"就会发生。优柔寡断对做选择的人来说是会产生严重危害的。

这个思想实验旨在说明"道德决定论"的局限性。该理论认为之前的某些原因让我们所做出的每个选择都是必然会如此发生的。然而，"布里丹之驴"的困境意在说明，有时我们会被迫出于某种难以名状的"元原因"而做出某种行为。有时候，我们的所作所为并非出于明确的原因，但我们还是会那样去做。

人工智能存在的问题是AI在没有"选择"这一程序的情况下面临两个或多个选择。如果所有的选项都同样可行，都会得出同样令人满意的结果，那么此时决定一个行为或选择结果的机制是什么呢？

在这种情况下，不作为可能导致人工智能关机或陷入一个无用的无限循环中。因此，编程需要给出某种理由，即便这个理由只是一个随机数的生成器。

当然，（大部分）人并不像布里丹之驴一样，而且我们总会有理由去阻止这种自我毁灭式的优柔寡断。这个理由可能是颈部的轻微痉挛，从一侧吹来的微风，阳光在物体上闪烁的方式，一种未知的、无意识的厌恶感……无论是存在于潜意识的原因还是外在的原因，我们这样做一定是出于某种原因。

苏格拉底
关于"质疑一切"

发现了不了解的事物，你会有怎样的感受？不了解别人的想法会让你感到困扰吗？你是否在意自己答错了问题？一天中，你有多少次快乐地举起手说"我不知道"？

在苏格拉底看来，成为哲学家的第一步以及意义最深远的一步就是接受自己的无知。并且，他认为我们都需要更进一步。

在人类历史的某个阶段，无知成了一个具有消极意义的词语，即便不是深重的罪恶，也无疑被视为某种品德问题。无知几乎成了教师、家长和维基百科必须去拯救的一种情况，仿佛那是我们需要去填补的漏洞。

不过，并非所有的无知都是坏事。我们都乐于去接受没有人是无所不知的。我们对掌握双语的人印象深刻，我们认为拥有双学位的人很引人注目，我们认为能读1000本书是奇迹。可在浩瀚的知识海洋中，这些都不过是沧海一粟。

即便如此，苏格拉底认为无知不仅仅是某种无法避免的坏事。如果将无知合理利用，那就是通向构建真理和智慧的至关重要的第一步。这就是我们如今所说的"苏格拉底的无知"。在苏格拉底看来，无知分为两种：

第一种，对于自己的无知不自知。苏格拉底认为这意味着你在生活中并不知道自己有不了解的事情，特指那些从不自我质疑的人。他们如"熟睡"般蹒跚而行，表现得仿佛自己知道何为对，何为错。他们永远不会想到要怀疑自己。

第二种，指我们从沉睡中清醒，透过批判的双眼去看待我们以为自己了解和不了解的事物。苏格拉底将自己视为提问者。他是雅典的"牛虻"，每天都在就各种各样的问题——从正义的本质到虔诚为何物——对他人进行询问和质疑。这也是雅典民众在公元前399年将苏格拉底迅速处决的原因。

第二种无知被苏格拉底视为"知识的美德"，应该得到包括哲学家在内所有具有智慧的人的推崇。第二种无知让我们不拘泥于没有经过验证的理论；在没有质疑任何事物的真实性的前提下随波逐流。第二种无知意味着我们能意识到自己的学识有多么浅薄，我们在任何时候以及任何事情上都有犯错的可能。

正如苏格拉底那句如雷贯耳的名言："未经审视的人生不值得一活。"

亚里士多德
关于"逻辑的法则"

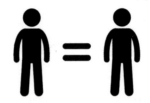

每种游戏一开始都有需要遵守的特定规则：不要捡球；要让球落到界内；要在颈部以下擒抱；听到"Roxanne"就喝酒……

哲学、逻辑和我们的思维方式都是如此。所有人在童年的早期发育阶段就意识到了宇宙的某些基本规律。我们往往认为这些自然存在、显而易见的规律是理所当然的。

但这些规律对亚里士多德来说并非如此。于是，他决定将其记录下来。

虽然亚里士多德没有创造逻辑，但他绝对是首批将其列为正式规则的鼻祖之一。他列出了三条在辩论、哲学思想和论述中都一定会用到的逻辑（或思维）规律。

第一条是同一律，即事物与自身相同，或者说

"A=A"。

虽然这条规律看起来平淡无奇，但是它引发了一个有关认知与现实之间的关系的有趣问题。亚里士多德的规律适用于事物的真实情况，而非我们认为的样子。比如，即便我们不知道他们是同一个人，但克拉克·肯特仍然是超人，彼得·帕克仍然是蜘蛛侠，乔治·奥威尔的真名是埃里克·布莱尔。

第二条是不矛盾律，即事物（以同一种方式在同一时间）不可能既是又不是。

你要么是一只狗，要么不是；你现在正活着或已死去。你认为逻辑有趣或者无趣……你无法同时处于两种状态。就算是化身博士[1]也只能在特定时间分别为善良的基克尔医生或邪恶的海德。

第三条是排中律，即一项陈述非对即错。

"今天是周一"这个说法要么是正确的，要么是错误

---

[1]英国作家罗伯特·路易斯·史蒂文森的经典小说中的主角。善良的医生基克尔将自己作为实验对象，结果却导致人格分裂，夜晚会转变为邪恶的海德。最后基克尔选择了自尽，以停止海德作恶。这部著作曾经被拍成电影，编成音乐剧，流传十分广泛，使得化身博士成为"双重人格"的代称。——译者注

的。对与错取决于你阅读到这句话的时间，但是对错不可能同时成立。与同一律一样，这并不意味着我们知道事物真假与否，但是存在一个简单的"真值"（如同从上帝视角出发）。

利用这三条规律，我们可以构思出有趣的"三段论"逻辑论证，并在辩论中向对手发起挑战。

虽然在类似于《爱丽斯梦游奇境》的离奇冒险中或《一九八四》这样的反乌托邦的世界中，这些法则被玩弄或摧残，但是，这些只是在诙谐的文字游戏或认知上的愚蠢举动（如我们在本书第218～220页中所提到的思想矛盾）中得以体现。

亚里士多德的规律一定会应用于事情真正发生的日常生活中。而且，很可能你根本就没有发现它们！

欧布里德
关于"岩石堆"

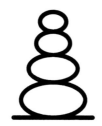

有个叫作弗雷德的人，他长着一头浓密而有光泽的秀发。我们调皮地从他的头上拔了一根头发。弗雷德畏缩了一下，但是他依旧长着满满一头秀发。我们又拔了一根，他的情况依然如此。失去理智的我们一直拔下去，拔了一根又一根。拔到怎样的程度我们会认为弗雷德是秃子呢？满满一头秀发是由多少根头发组成的呢？头发的数量有多少会让你看起来是秃头呢？

尽管这个名为"Sorites悖论"的问题看上去似乎微不足道，但是有着重要的哲学意义，也适合你和朋友一起进行讨论。

"Sorites"在希腊语中意为"坡"或"堆"，这个词最初是由欧布里德（一个名不见经传的哲学家）提出的。他用岩石或石子进行堆叠。多少块石头垒起来能成为一个石堆呢？上下叠加两块石头够吗？三块就能构成金字塔吗？或者是十块、一百块？与石头的大小有关吗？还是与石头的形状有关呢？

这是一个与逻辑有关的问题。这种"混乱"或"模糊不清"给所有试图确定某些陈述真实与否的逻辑学家带来了难题。如果一件事物的是与非之间没有明确的界限，那么由此就可以得出任何单一的改变不会对事实产生影响这一结论。衰老并非一朝一夕，可谓滴水不成海。因此，从逻辑上来说，没有一件事物可以定义一个模糊的词语（或为其"证明真实性"）。

对于Sorites类型的词语，我们更倾向两极分化的观点。玛士撒拉星球很古老，雾都孤儿很年幼；天空是蓝色的，草是绿色的；杰夫·贝索斯[1]很富有，一个阿富汗的牧羊人一贫如洗。正是这种"模棱两可"或"模糊"引发了哲学难题（以及很多善意的辩论）。布拉德·皮特[2]老

---

[1]亚马逊的创始人、董事长、首席执行官和总裁。——译者注
[2]美国演员（1963—）。——译者注

了吗？北海是蓝色的吗？你是贫穷的还是富有的呢？

如果我们无法确切地定义某物是或不是，那么亚里士多德的同一律（即所有事物务必是X，或非X）——构成了所有形式逻辑的基础（详见本书第354～355页）——就会遭到撼动。

任何使用了Sorites类型词语的表述都会因为模棱两可而引发巨大的问题。我们能做出类似于"我不是秃头"、"这里太热了"或"你这个人很可怕"这样的结论吗？毕竟，要做出多少可怕的举动才能成为一个可怕的人呢？

如果我们无法说出这些都是真的，那么其对应的真理和事实的概念又意味着什么呢？

笛卡儿

关于"我思故我在"

　　勒内·笛卡儿的著作中包含了对西方思想中哲学和逻辑的一些最简洁和最非凡的应用。他举世闻名的哲学思想"cogito，ergo sum，简称'the cogito'"几乎成为一种陈词滥调。他的这句话已是老生常谈的格言，但是它的美在于其大胆的简洁性。真是太精妙啦！

　　"The cogito"最常见的翻译为："我思故我在。"这句话也被认为是笛卡儿试图解答自身质疑一切可质疑的彻底怀疑论的"阿基米德支点"。这是让他爬出自己挖下的深坑的阶梯。

　　笛卡儿在其著作《沉思录》中使用了三个具有强烈冲击力的怀疑论问题，依次对我们的所知所想进行了一波强于一波的扫荡。

一、如果我们知道自己的感官所感受到的是错误的，我们是否能相信它们？一根棍子在水中变得弯曲，我的拇指可以遮住月亮，彼得叔叔在圣诞节的时候曾让一枚硬币消失。我们的感官并非准确无误的。

二、大多数人都会偶尔经历逼真的梦境。你在这些梦境中根本不会想到自己在做梦。它们是如此真实。那么，如果我们感觉眼下的世界也是真实的，我们怎么知道这不是一个梦呢？

三、我们假设存在这样一种微乎其微的可能——我们正在被一个全能的、蛊惑人心的"恶魔"欺骗，我们怎样确认所有事情是百分之百真实的呢？毕竟，这个"现实"可能只是一个矩阵母体、楚门的世界、计算机模拟系统或一段亨特·斯托克顿·汤普森的迷幻旅程[1]。

"我思故我在（the cogito）"就是对这些问题最美

---

[1]美国著名的"刚左"新闻作家。他1968年写了一本讲"美国梦的死亡"的书，这本书就是《惧恨拉斯维加斯》，后来改编为电影《恐惧拉斯维加斯》。这本书以第一人称叙述了主人公劳尔·杜克与律师朋友刚左博士前往拉斯维加斯报道沙漠摩托车赛，却在毒品和迷幻药的作用下，歇斯底里地寻找起了美国梦的荒诞经历。——译者注

好且言简意赅的解答。笛卡儿指出即使这一切是某个恶魔的一场骗局，那么一定有什么被欺骗了。我们对事实所产生的怀疑、对真相的质疑都说明了有什么在思考。一个恶魔不会欺骗自己，但是会欺骗某个存在——而笛卡儿断定这个存在就是我们所说的"我"。因为只要有思想存在，即便是怀疑论思想，也一定存在能够去思考的事物——一个能思考的事物叫作我。

真是一个美好的哲学理论！即便存在批判的声音（如果你想要进一步了解，可以去了解罗素和萨特，他们都对这一哲学理论给予了充分的反对），但是每当我想到这一哲学理论，都会不禁微笑。

休谟
关于"一大捆自我"

请你想象一个空荡荡的舞台，两侧挂着单调的幕布，地板上有一层薄薄的灰尘。突然，一个人走上了舞台，向你挥手，然后走开。接着登场的是你的母亲，她正在阅读你7岁时的睡前故事，然后他们离开了舞台。紧接着，一个雍容华贵的自己出现，随后消失。蓦地闪过一道红色的亮光，其光芒将一切掩盖。随后光线暗淡下来，逐渐消失不见。

在大卫·休谟看来，这就是人格同一性——只是一种稍纵即逝、起伏不定、变幻莫测的感知。它是记忆、雄心、感觉和思想，但仅此而已。

自古希腊以来，哲学家们就一直在思索"我是谁？"这个问题。时至今日，我们依然在探索这个问题。笛卡儿

363

认为我们有一种形而上学的二元论的灵魂（详见本书第334~336页），他将其称为自我，而洛克认为这个自我归根结底源于我们的记忆。休谟对这两种观点都不认同。在他看来，这两种观点都是虚伪的或错误的。

休谟指出如果我们可以进入自己的思想，那么我们会看到什么呢？我们会发现一个"一定始终会保持不变，与当前一致的印象"吗？不！我们只会看到如一锅永不停歇、沸反盈天的汤水一般的想法和感受。正如休谟所写，我们只是"偶然遇到了某种特定的感觉，冷或热、明或暗、爱或恨、痛苦或愉悦。我从未捕捉到自我"。我们是一束杂乱无章的、不拘一格的随机思想。这就是休谟的理论经常被称为自我的"束理论"的由来。

在休谟眼中，自我只是我们虚构出来的故事，因为这些精神实体似乎存在相互关联。可是，我们脑海中任何想法之间的关联都相当脆弱。我们的思想之间往往像粉笔与奶酪有着天壤之别，而我们用"灵魂、自我和实体这些概念去掩饰这种差异"。我们有某种深刻的需求或动力去假装我们的一系列不和谐的想法是莫名的、神秘的、神奇的、统一的"自我"。

很多人对休谟的印象是他拿着大锤子粉碎了我们可能

拥有一个统一的、恒定的、相关联的自我的所有希望。但是我们还有一种更宽容的解读方式。休谟一定已经了解了赫拉克利特（详见本书第263～265页）——他曾经指出整个宇宙都处于不断变化之中。事实上，休谟甚至使用了类似的表达。尽管如此，赫拉克利特的结论同一性存在于我们如何看待事物的整体，如一团火或一条河。或许，我们看待自我时同样如此？

然而，二人的观点有一个关键的区别。对于一团火和一条河，我们看的是自我之外的世界。对于我们自己的身份，我们看的是自己的内心世界。不过，我们能够"审视"自己的思想。如果休谟的观点是正确的，"自我"只是一捆没有关联的思想，那么正在"看"它们的又是什么呢？简言之，台下观看的又是谁或什么呢？

康德
关于"创造世界"

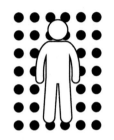

请你看一看四周的物体。你为什么会将它们视为相互独立的个体呢？为什么书不会与桌子融为一体？为什么猫不是沙发的一部分？你脚下的尽头在哪里，而地面又从哪一点开始呢？你知道一根树枝属于一棵大树，但两棵树却是相互分开的，这又是怎么一回事呢？这一切都是你的思想的所作所为。这个无名英雄在你注意到自己所看到的事物之前就开始行动了。

这就是伊曼努尔·康德所说的现象论。

世界其实并非如我们所感受到的那般井然有序。世界是由一团折射的光线、横冲直撞的声波和不同密度的原子组成的杂乱无章的混沌。因此，我们为了理解现实、获取意识、得到所有类型的知识，我们永远在对事物进行排序、构建、筛选和选择。

我们所体验的世界已经具有了意义。我们的思想仿佛在调焦一般，已经为我们抉择并筛选出重要的、有意义的事物。你可以自己做个试验：让目光在一个物体上停留片刻。然后让目光向物体的边缘微微移动，或由远及近地移动。当你看向远方的时候，你的思维选择性地忽略了哪些细节呢？当你欣赏风景的时候，你选择了哪部分去观赏呢？你的目光依次注视一棵大树、一根小草或一片云朵……它们都存在于同一画面中，但是你的思想已经将它们屏蔽，并聚焦在了更大的画面上。

然而，康德的思考并未止步于此。在他看来，思想仿佛是一个饼干模具，用范畴将迎面而来的大量经验数据切割成型。康德列出了十二个先验范畴。但总的来说，它们可以分为 "空间"和"时间"两大范畴。空间指的是猫与沙发是分离的，而时间指的是之前、现在与之后的感受。在你的意识发觉穿上裤子之前，你的大脑就已经把这件事投射到现实中了。

我们在本章列举出的很多例子都不是严格意义上的康德式例证，因为它们都属于后感官意识，即思想是建立在我们的视觉和听觉等方面的体验上的。它们对所发生的事件进行了生动的比喻描述。可是，在康德看来，思维在此之前就已经开始运转了，它将无意义的"现实"（他称之为实体）转变为有意义的经验（他称之为现象）。电脑显示器将我们难以理解的二进制或十六进制代码变成我们看到的颜色，这可能是对思维更全面的类比。

康德的天才之处在于他在英国的经验主义观点——"我们的目之所及即一切"与欧洲大陆的理性主义者推崇的"一切都是形而上学的思维或理智"之间找到了一个折中的思想。他认为这两个观点都可能是正确的：我们需要经验，但是我们首先需要获得经验的工具和结构。康德使自己成为楷模，并且主导了启蒙时期的思想。他重塑了哲学。

查尔莫斯

关于"铅笔的想法"

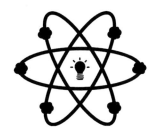

那些盘旋于你脑海中的想法、你现在所读到的问题与其他一切相比有一个简单的独一无二之处，那就是它们只属于你一个人。其他的一切，无论是抽象的还是具体的，之所以能被审视、谈论或者在书中读到是因为它们对我们来说在某种程度上是外在的。

我们的意识是主观的、"第一人称"的。你可以尝试让任何人进入你的大脑，并完全理解我们想表达的，你会发现没有人能够做到。因为我们的思想是一类，而世界上其余的事物则是客观的，能与他人相互传递的"第三人称"。

澳大利亚哲学家大卫·查尔莫斯以此为起点，向我们展现了一个会让很多人瞠目结舌，只能"哇"地轻声喃喃自语的古怪想法。这个匪夷所思的理论名为"泛心论"。

泛心论认为"第一人称"或个人意识是某种在特定的物理运转过程中相互作用下产生的独特现象。也就是说，我们的意识是由我们的身体（即我们的大脑）以特定方式运转而产生的。

泛心论认为"主观性"如同万有引力和磁力一样，是宇宙的一种基本力量。因此，正如万有引力存在于两个不同质量的物体之间，意识存在于"信息处理粒子"之间。信息传递粒子指所有携带和传递信息的事物，可以是传递电信号的神经突触，也可以是元素的化学组成键。

这一理论本身还处于萌芽阶段（并且会随着神经科学的提高得到进一步适应和发展）。但是，这一理论提出了一个观点：宇宙中的所有粒子都会产生一种"主观性"的（形而上学的）属性，仿佛所有的粒子表面都包裹着一层轻薄而模糊的主观性尘埃。当与其他在结构上更复杂、更庞大的粒子结合时，这些粒子就会进而形成更高级或更低端的意识。主观性尘埃就这样堆积起来。

这一理论有什么现实意义呢？

任何包含粒子组织的事物都可能有某种程度的意识。

化合物H_2O有其自身"水的意识"，就像氨基酸、铅笔、老鼠、狗甚至人类各有其意识一样。人类作为有着相互作用的粒子的独特组织，拥有一种你称为"你"和我称为"我"的人类意识。不过，这并不意味着一只螃蟹能够读懂陀思妥耶夫斯基，但是它具有一种独一无二的螃蟹的主观性。我们无法将自己的意识投射到其他系统中。

可是，这个观点到此开始变得有些迷幻。从另一个角度（更广泛的角度）去看，泛心论或许意味着一个运动场可能具有独特的复杂结构，因此产生了一种"运动场意识"。那么亚洲如此……世界，甚至整个宇宙也是如此。由此看来，多亏了泛心论，我们或许已经达到了一种"宇宙意识"的状态……

那么，整个自然界乃至宇宙如果不是上帝，又是什么呢？

克拉克和查尔莫斯

关于"延展心智"

你能背下来多少个手机号码？你能仅凭记忆开车去多少个地方，还是同时需要手机为你导航？你对手机的需求有多频繁呢？

从很多方面来看，我们的手机仿佛是我们大脑的延伸，充满了比我们的大脑运转得更快、更有效的思维功能。这一观点就是安迪·克拉克和大卫·查尔莫斯在其1998年发表的论文《延展心智》中所讨论的内容。

人类拥有着极其复杂的思维，它们能够创造奇迹。其中很多事情我们只是刚开始懂。这些"认知过程"让我们能够与世界和他人互动，能够正常行动。当我们使用"我们的思维"时，我们真正所指的是包含记忆、注意力、运动控制、能动性、感官等的统称。但是为什么所有这些都必须局限于大脑呢？

如果我们通过思维执行过程来对这些加以定义，那么为什么我们用来实现这些认知功能的工具和技术不包括在内呢？回忆是对信息的恢复，如果我们用手机去记录号码，或用手账去回忆假期，难道这些不属于我们思维的一部分吗？这些扩展的物品和大脑组织或突触一样具有认知功能。

如果这个观点是正确的，我们就可以认为我们使用的某些工具（例如我们的智能手机、电脑或日记本）就是我们思维的一部分。因此，如果这些工具属于我们思维的一部分，那么它们也是我们身份的一部分，因而具有重大的伦理和法律意义。一个老师能在不参与学生认知过程的情况下没收他们的手机吗？如果一位老妇人弄丢了自己幼年的日记，这难道不是一种如同出现痴呆症状一样的沉重打击吗？我们对社交媒体以及互联网的需求是否与我们对家庭、朋友和休闲的需求一样都是让我们感到幸福的必不可少的要素呢？

随着科技的发展，延展心智这个论点会变得越来越有说服力。比如让我们的实时感知发生改变的增强现实类应用程序；能让我们通过脑部活动来移动、"触摸"或"看到"数百英里外的东西的仿生学；能够进行实时语言翻译的手机。除了我们最初的偏见外，还有什么原因能让思维需要被埋葬在颅骨里呢？

政治和经济

Politics
and Economics

当人类被组织起来，我们就可以完成任务。

我们可以做成令人难以置信的事情。

这一切就是政治，它能激发出我们心底最伟大和最丑恶的一面。

政治为我们提供保护，创造我们的社会，

赋予我们权利，并且定义我们的身份。

可一旦政治被错误地使用，它也会使我们遭受迫害、毁灭、驱逐，

甚至使人丧失人性。

政治关乎我们作为一个团体或集体所做的一切。

霍布斯
关于"创造政府"

　　请你想象自己是一位穴居的原始人，刚刚结束了一天快乐的捕猎（或采摘）生活回到家。生活此时仍很美好。忽然有一天，一个大块头大摇大摆地走来了。

　　"给我食物。"他趾高气扬地咕哝着。你感到有些愤怒。毕竟，获取食物不是一件容易的事，而且你向来自食其力。

　　"为什么？"你生气地问道。

　　大块头拍着胸口说："我能守护你的洞穴，不让他人靠近。"

　　因此，第一个社会契约诞生了。17世纪的哲学家托马斯·霍布斯对这种交易的描述正是我们如今对政府的看法。

　　霍布斯认为，统治者或任何主权势力诞生前的生活是相当恐怖的。一旦没有政权的约束，人类会迅速回归"原始状态"——对资源的激烈抢夺将形成一种"肮脏、残忍和粗暴"的生存方式。这就像把《行尸走肉》、《疯狂的麦克斯》和《辐射》中的剧情叠加起来。

　　为了避免这种痛苦，我们必须放弃绝对的个人自主权，将其上交给一个主权政府。诚然，我们无法按照自然法则去偷盗、杀戮，但我们是以产权和安全得到保障作为回报的。这样一来，霍布斯认为这些保障给予了我们更多的自由和安逸，例如我们可以离开自己的房子去社会中工作，因而社会得到进一步的劳动分工以及进步。

　　因此，在作为个人集合的社会与君主之间形成了"社会契约"，这既是自由的让步，也是安全与安逸的保障。许多现代政治辩论仍然遵循这一契约模式，旨在讨论集体与个人自由。

　　霍布斯的这一观点写于英国内战时期[1]。他表示除非生命确实受到威胁，否则我们绝不该撕毁契约（换言之，

---

[1]指1642年至1651年。英国议会派与保皇派之间发生了一系列武装冲突及政治斗争。——译者注

我们应该忠于君主）。但是，后来约翰·洛克和让-雅克·卢梭对契约进行了更平等的加权。他们认为如果君主单方面违反了契约，臣民就应该有反抗的自由。

那么，社会契约的底线在哪里呢？什么样的举动会严重到让你感到既有的政府违背了协议呢？我们是否有可能因没有履行公民责任或犯罪（即违背了自身应遵守的条约）而感到内疚呢？

马基雅维利
关于"如何成为国王"

如果你想青云直上，一定要践踏下层的人吗？成功只属于那些贪赃枉法、腐败堕落的人或虚无主义者吗？为什么20%的CEO都表现出临床心理变态的行为呢？

马基雅维利的王子[1]可以告诉你答案。

意大利文艺复兴时期的外交官尼克罗·马基雅维利在其短篇作品《君主论》中指出，高效而成功的统治者（并非好的统治者）就是尽其所能稳固自己的地位的人（而且

---

[1]尼克罗·马基雅维利的作品《君主论》的英文为*Prince*，其中文的含义之一为王子。——译者注

在他看来，只有男人能够做到）。对王子来说，为达目的可以不择手段。愚弄、欺骗、贿赂、暴力、敲诈和背叛都是军火库中的武器，表面上是为了"更伟大的良善"（当然，这是王子的定义），但实际上是为了保障统治者的性命和安全。

这部著作中有很多值得引用的佳句：

"能靠诡计取胜就绝不使用武力。"

"既然爱戴与畏惧难以兼得……那么让人畏惧比受人爱戴要安全得多。"

"要打击一个人，出手必须凶狠到再也不必担心遭到报复。"（奥马在《火线》[1]中说："如果你的目标是国王，那就千万别失手。"）

这是一本关于如何成功摆布他人的指导手册，一部企业的备忘录，一份专制的暴君的说明书。

今天，我们仍旧无法完全确定该如何解读《君主论》。这本书是实用主义者认为的"事物原本的样子"吗？是一份暴君狂热者的清单吗？或者，它实际上是在讽

---

[1]美国电视剧，讲述了马里兰州巴尔的摩市警察与犯罪团伙间交锋的故事。——译者注

刺？鉴于马基雅维利在其他作品中体现的道德观和主流思想，最后一种理解似乎更可信。

这本书在当时以及此后的各种文化中所产生的（具有极大争议的）影响是毋庸置疑的。马基雅维利是政治阴谋和幕后交易中的孙子（详见本书第326～328页）。从莎士比亚的作品到《权力的游戏》，我们都能看到统治者将马基雅维利的权术作品付诸实践，他们残酷无情、手握大权、为所欲为。

伊本·赫勒敦
关于"帝国的兴衰"

　　有一位年轻有为、风华正茂的音乐人在音乐圈引发了一场变革。才调秀出的他开创了一种新的流派。他一时名声大噪,从东京到洛杉矶的露天演唱会场场爆满。接下来,情况开始发生转变。他的第二张专辑也不错,但没有那么引人入胜。第三张专辑似乎有些平平无奇。第四张专辑则显得半心半意,一反常态。他开始沾染毒品或做出更出格的举动。因此,这位才华横溢却精疲力竭的音乐人退出了舞台,取而代之的是一位更年轻、更受人追捧、更新颖的革新者。

　　这个故事听上去很熟悉吧?这不仅是大多数传记文学的主线,在阿拉伯学者伊本·赫勒敦看来,这也是历史上所有帝国、国家和王朝的兴衰写照。

伊本·赫勒敦的创作始于穆斯林世界分裂和衰落之时。在穆罕默德逝世后的几个世纪中，几任哈里发征服了从西班牙边界到印度边境的领土。伊斯兰世界一时间迅速扩张，日益强大，取得了非凡的成就。然而，到了14世纪中叶，北非已经分裂成一个又一个纷争不断的小王朝，最后穆斯林仅在西班牙剩下了很小的立足点。600年间，穆斯林世界停滞不前、奄奄一息。伊本·赫勒敦在其著作中对造成这一切的原因进行了探索。

伊本·赫勒敦认为，一个王朝的威力源自asabiyyah（读作ass-ah-bye-ah）——意为"社会凝聚力"，也就是邻近部落、民族或子民紧密联系的纽带与团结。往往，在生存环境恶劣的地区以及严酷的社会环境中，这种力量最为强大。因为，如果没有这种群体凝聚力，你在阿特拉斯山脉或撒哈拉沙漠将无法存活。可是，一旦进入了温文尔雅、文明稳定的城市生活，asabiyyah就会腐化、瓦解。

伊本·赫勒敦指出，一场雄心壮志、气势磅礴、asabiyyah式征服在历经五代后会走向衰败，并最终被推翻。这一切会按照一种可预期的五阶段机制发生：

第一个阶段，英勇的asabiyyah人民在征服他国的过程中取得了彻底的胜利。

第二个阶段，统治方式从共同领导转化为一个君主（或哈里发或其他领导者）的统一统治。

第三个阶段，社会迎来了一代国君的贤明统治，走向国泰民安。

第四个阶段，唯吾独尊、阿谀奉承、贪赃枉法和裙带关系开始在社会上暗中滋生、潜伏、蔓延。

第五个阶段，一代王朝被一股新的asabiyyah力量击败并被彻底征服。

所有的帝国、王朝都是按照这种潮流兴衰起伏。尽管民主国家的兴起让帝国主义征服这一说法告一段落，但是伊本·赫勒敦的五阶段机制在任何王朝或世袭职位上都能得到简单应用。

那么，如果你感觉自己以前听说过类似以上有关"兴衰"的故事，那是因为你确实听说过。而且，伊本·赫勒敦在6个世纪以前就对其进行了最为明了的阐释。他的社会学研究方法在历史学上的应用现在已经成为一种典范。并且，他的思想可以帮我们像了解14世纪哈里发国家一样去了解我们的世界。

赫尔德
关于"民族主义"

民族主义对你来说意味着什么呢？无论你是夸夸其谈的那类人，还是容易感到尴尬而目光躲闪的那类人，你都会对"国家"这个词有自己的理解。"国家"这个词意味着你拥有一本护照、某些边界、一面旗帜和一首在奥运赛场上奏响的国歌，还是意味着有一套你认为自己国家独有的价值观和美德呢？

18世纪首先对民族主义进行思考的哲学家之一——约翰·赫尔德认为，上述两个都不是。前者定义了一个合法政党的政权而非国家，后者几乎不独属于任何一个国家。

赫尔德认为每个国家都由其"Volksgeist"或"民族

精神"——国家创造力的源泉，而且往往自古代就根深蒂固——来定义。这种"民族文化"的意识构成源于多种因素，如：

一、语言，此为最大因素。赫尔德认为，我们如果学习一门语言，就会为之"呕心沥血"。语言是我们灵魂的表达。我们属于赋予我们语言的国家。我们用语言去思考、交流和表达梦想。

二、领土，它并非政治地图上的线条，而是我们与自己所在土地的联结。它可能是华兹华斯诗词中的山谷、爱默生笔下湍急的河流、托尔斯泰作品中的田园风光。在赫尔德看来，领土并非人民当下所居住的国土（例如犹太人在以色列建立之前所居住的地方）。

三、传统，即传承品德、礼仪、思想、神话、传奇等。传统是我们的言谈举止，是我们生活中的潜规则，比如（对英国人来说）"永远不要在公交车上与陌生人搭讪"或"实在不知如何开口，就聊聊天气吧"。

你或许会问，为什么这些如此重要呢？嗯，赫尔德所关心的是人类个体的幸福。我们每个人都是与众不同的个体，都可以为自己如何做才能幸福地生活做决定。然而，在一个"民族精神"相似的国家中，关于幸福的人生的观点自然会有所重叠。英国人会拥有相似的期望，而这些期望通常与中国人的有所不同。那么，一个政治上统一的国家是集体努力实现个人幸福的最佳途径。

一个政权无权控制不同的民族，赫尔德认为这一点至关重要。这意味着不应出现包含多种"民族精神"的政府。所有的这类帝国，从罗马帝国到大英帝国都是一种"残暴的政权"。然而，由共享同一种文化的多个城邦组成的帝国，如古希腊或美国这样的联邦民族国家则是"一个家园，一个井然有序的家庭"。因此，任何试图打压非同种文化的好战的民族主义永远都是不正确的。

所以，民族主义不是每四年飘扬一次的旗帜，也不是对他人的轻蔑，而是定义了我们如何能够幸福的文化构成。我们之所以会与自己民族的成员亲近是因为他们的幸福观与我们类似，并且我们会为实现这一目标而共同努力。

修昔底德
关于"不可避免的战争"

你是这里的大佬，整个街区都是你的地盘。人们向你点头致意，仿佛你是维托·柯里昂[1]和巴勃罗·埃斯科瓦尔[2]的合体。可是，有一天，形势发生了变化。城中的一股新势力掀起了一场风潮。人们开始向他们点头致意。他们开始抢走你的客户，你的重要性……你的名声。对此，你准备采取怎样的行动呢，大佬？

在修昔底德看来，你只有一个选择——去战斗。

和希罗多德一样，修昔底德被认为是历史学科的创

---

[1]电影《教父》中的一个人物。在影片中他是美国本部黑手党柯里昂家族的首领，被称为"教父"，同时也是许多弱小平民的保护神。——译者注
[2]世界上最大的毒枭，来自哥伦比亚，在20世纪80年代中期可谓富可敌国。——译者注

始人之一。在修昔底德的主要著作《伯罗奔尼撒战争史》中，他不仅竭力对雅典与斯巴达之间这场大规模的战争进行了全面且准确的描述，还通过其中的事件去推断有关各个时期国家与权利政治的运转方式的某些地理政治学原则。

斯巴达曾一直以来是该地区的主导力量（"霸王"），而雅典则是引人注目的新生力量，并且对斯巴达的地位构成了威胁。修昔底德认为，在这种情况下两个城邦就不可避免地会发生战争。占主导地位的大国总是会与崛起中的力量发生冲突。在国际关系中，这种方式被称为"现实主义"。

现实主义广泛来说是由三个论点组成的：

第一，自私是人类的本性，这一点在国家层面上表现为对安全的需求。

第二，道德与理想主义的正义准则在国家间的层面上往往会被忽略。

第三，世界秩序是处于无政府状态的，即没有更高的权力约束国家的行为。

修昔底德在其《米洛斯岛的对话》——对雅典刚刚征服米洛斯后发生的谈判的戏剧化的描述——这一篇章中对

上述三点做出了总结。雅典人对任何"正义的"诉求一笑置之，并且宣称："强者会竭尽所能地变得更强，弱者只能选择接受。"

现实主义在国际关系中就是这样一种激烈的竞争。它将战争视为一种自私自利的国家先发制人以保护自身安全的工具。所有的外交关系都可以归结为不同国家之间（用诡计和武力）争夺统治地位。霸权就是安全的保障。

现实主义因马基雅维利和霍布斯，以及像约翰·米尔斯海默这样的现代思想家而得以普及。历史上支持这一理论的案例不胜枚举：古罗马与迦太基古国、奥斯曼王国与拜占庭王朝、西班牙哈布斯堡王朝……

2012年，格雷厄姆·艾利森创造了"修昔底德陷阱"这一说法，指出美国（作为目前的霸主）与中国（作为正在崛起的国家）必将面临一场不可避免的灾难性冲突。

但愿修昔底德是错的。

马克思

关于"世界史"

　　推动历史前进的并非某支清晰可见的飞箭，而是规模庞大的箭群。在21世纪这个后现代数字时代，属于"现在"的我们这些少数的人也不过是浩瀚黑暗的时间沼泽中的一滴水而已。谁会在书中读到我们呢？谁会在乎我们这些微不足道的欲望、焦虑和热情呢？我们之于未来的人好比一名中世纪的农民之于我们。我们会是某幅画作的背景中模糊的斑点、被淹没于一场交响乐中的三角铁的叮咚声，或成为某人的小说中出现的一位无名小卒（如果我们功成名就）。历史是由伟大的运动、社会和巨大的物质力量向前推动的，不是由于某个个体。

这就是卡尔·马克思在其"辩证唯物主义"世界历史中所表达的主要看法。从此，无论从哪种形式看，"辩证唯物主义"都或多或少影响着我们对历史的看法。

在马克思之前，学术界主要被托马斯·卡莱尔提出的假设主导，即所有历史的实质都只是"伟人的传记"。除了少数人（例如本书第384～386页的伊本·赫勒敦）以外，人们认为历史是极少数英雄人物（而且一直被认为是男性）行动的结果。恺撒大帝创建了罗马帝国，阿尔弗烈德大帝创建了英格兰，华盛顿建立了美国，拿破仑建立了法兰西王朝，亚当·斯密创立了资本主义，等等。伟大的人物、伟大的思想和适时出现的特定的划时代的时刻引领我们走到今天。

然而，马克思认为这些纯属无稽之谈。在他看来，创造历史的不是某一个人，而是生活于"已存在的、已知的传统环境中"的一群人。他指出每一种政治制度、每一项法律和对应的司法体系、每种习俗和文化准则都是他称为"生产力"的错综复杂的社会经济因素相互交织而产生的结果。我们生活中的所有上层建筑或我们目之所及的一切事物皆是在物质条件的土壤——如自然资源、科技、劳动力市场、阶级斗争（详见本书第149～151页）——中孕育而成。

马克思主义认为没有一桩历史事件可以被轻描淡写地一笔带过。我们需要看到因不同阶级之间的关系、不同生产方式和物质要素之间的关系而产生的复杂整体。例如，中世纪出现的封建等级制度是农业和手工业技术（生产方式）的产物。有关"财产权"的法律制度则诞生于私有土地所有者开始主导现代经济之后。总之，一切都可以用唯物主义的观点进行解释。

马克思的思想的广泛性往往受到低估。马克思对资本主义的批判及其历史观念并未被所有人接受。但是，不可否认的是，马克思的思想具有独特的革新性。毫无疑问，历史学家们在马克思之前就已经透过社会学的角度去看待世界性事件，但是没有人能像马克思那样博古通今，鞭辟入里。

伯克
关于"我们祖先的智慧"

如果我们有一个精心设计的全新方案、一项前途无量的计划或将迎来一场伟大的革命，我们会怎么做呢？我们是否应该因秉持当下的观念而摧毁一切认知，颠覆所有？是否应该因对一种意识形态的狂热而牺牲几百年的智慧？

被认为是现代保守主义之父的18世纪爱尔兰政治家埃德蒙·伯克响亮地说出了"不应该"。

世界上大多数稳定而成熟的社会并非基于一朝一夕之力，也不是某个孤独的哲学家国王用教室里的政府模型建成的。社会是数千年来智慧有机增长和积累的产物。罗马不是一天建成的，而是历经几个世纪的反复尝试、惨败和失利后建成的。

伯克对人类个体的理性持高度怀疑的态度。与当时的法国大革命盛行的乐观主义相反，他认为人类是自私自利、目光短浅、容易犯错的。与"国家和时代的资本"相比，个人的"私人股份"微不足道。他指出，我们"对他人的智慧不屑一顾"，却对自己抱有一种主观臆断的自信。

就算是我们这个时代最优秀的思想，它也只是一种思想；最流行的社会运动也不过是浩瀚的传统之海中的一滴水。在伯克所属的国家——英国，民主不是从天而降的奇迹，而是从细水长流的变革中逐渐诞生的。对社会进行一次性的彻底改变就是傲慢地以为自己比所有的传统和祖先要更具有智慧。我们只是墙上的一块新砖，我们凭什么使整个大厦倾倒呢？什么样的智慧会认为陈旧是摧毁一个体系的原因，并对匆忙建立的事物毫无顾忌？

伯克的保守主义并非完全停滞不前、顽固不化，以及从意识形态上反对所有的进步。相反，伯克认为改变应该谨慎并且付诸深思熟虑的行动（尽管这样会显得枯燥无味且烦冗复杂）。革命寻求的是一种快速的解决方案、一种激烈的动乱。因而，在伯克看来，革命几乎总会引发灾难或恐怖统治。

但是，一个国家必须前进。伯克认为任何否认自我改革的国家注定走向灭亡。更确切地说，改变应该是缓慢的，更重要的是可逆的。毕竟，断头台上是不允许出错的。

因此，如果一个政客或朋友提出一项迅速、简单、极端的解决方案，请你仔细思考一下。在伯克的眼中，激烈的反应和下意识的反应很少是明智的。并且，我们祖先的智慧可能要比我们目前意识到的要伟大得多。

潘恩
关于"革命"

墨守成规是一件危险的事情。"事情总是如此！"这句话说起来相当简单，以至于我们几乎从未停下来思考过为什么会如此呢？因此，要想成为真正激进的革命者需要竭尽全力使自己从已知的一切中跳脱出来。

作为美国革命战争（美国独立战争）和法国大革命举足轻重的支持者，美国政治理论家托马斯·潘恩认为这是我们对政治最真实的看法。难道我们没有随遇而安、心安理得地接受各种缺陷和不公，因为我们知道事情向来如此吗？正如他曾写道："人不反省自己的错误，久而久之就会变得自以为是。"

在潘恩看来，我们生而为人，都拥有某些至高无上的、不可侵犯的权利，即生命、自由、言论和信仰自由。此外，还应包括公民的人身安全和受保护的权利，这正是国家和政府存在的原因。任何当局披着"传统"的外衣侵犯了这些权利时，每一代人都有理由，甚至有责任去反抗并推翻当局。过往的政治都无法束缚当下的我们，并且"在任何情况下，每一代人都理应拥有自由行事的权利……目空一切地断定自己死后也可以治理（后人的）事务是最荒谬、蛮横的暴政"。我们的确可以从祖先身上学到某些智慧，但是他们不能至今仍然统治我们。

潘恩的贵格主义思想让他看到了人类内在的完美、聪慧和善良，而且他本质上是一位反独裁主义者。他认为政府有着不可避免的弊端，理应为人民服务，而不是作为主人或君主。这一点也使他的观点——不公正或侵犯公民利益的国家政权应该永远被推翻——得到了巩固强化。

虽然革命者们并非都信奉宗教，但是他们都致力于构建超越国家法律的绝对价值体系。这好比耶稣与法利赛人[1]

---

[1]犹太人的宗派之一，有些人反对耶稣基督的福音。他们夸大了对摩西律法的敬重，要求所有的人都完全遵守。他们在守法的问题上顶撞耶稣。——译者注

的斗争、《大宪章》[1]中所谓"法治"与潘恩和卢梭对天赋人权的信仰、马克思对无产阶级地位的提升，以及专制主义者所说的"人权"。革命基于超越国家或传统的偶发事件的价值观。

那么，我们是否应把原则置于传统之上呢？我们是否有足够的勇气按照自己的理想而活呢？我们是否无论失败多少次都要去努力实现乌托邦呢？正如潘恩所写："我们有重塑世界的能力。"

墨守成规的问题不在于其自身具有危险性，而是将错误的事情常态化。有时候，只需要一个简单的声音或强大的想法就可以让自己得到解脱。

---

[1]也称《自由大宪章》。英国封建时期的重要宪法性文件之一。1215年6月15日，金雀花王朝国王约翰王在大封建领主、教士、骑士和城市市民的联合压力下被迫签署。——译者注

斯密
关于"无形之手"

你是否好奇为什么牛奶比瓶装水便宜？为什么商品在圣诞节之后的第一天都降价？为什么钻石总是价格不菲？是谁购买了指尖陀螺这类小玩具？

苏格兰经济学家亚当·斯密可以为你解答上述所有问题：这些都是"无形之手"的杰作。

在18世纪，欧洲各国经济大都处于一种"重商主义"的状态，即各国认为国家的财富源自囤积产品和货币供应。这种思想带来的结果是一种"命令"或"自上而下"的经济体系。在这种情况下，领导人都极力保护本国产业，限制与其他国家的贸易逆差。斯密认为这是完全错误的。

亚当·斯密主张我们应该向"商业主义"转型，即

"每个人都靠交换为生"。国家不应固执地追求自给自足，因为这样反而变得很低效。相反，我们应该将劳动进一步细分成不同的专业领域，然后用我们的专业知识去交换我们所需的物品。

要做到这一点，我们需要两种形式的"财富"，即资产（我们所拥有的或所需的物品）和资本（任何可以转移的物品，但大多数情况下为金钱）。资本财富可以让我们随心所欲地消费。我们共同的消费习惯则形成了一只"无形之手"，转而调节商品价格与供求关系。

如果一个面包店以其他店铺双倍的价格出售同一品质的面包，人们就会拥向更便宜的那一家，价格就会下降。如果突然出现了对某种特定产品的需求，这双无形之手就会创造出供应商来使其得到满足。

斯密指出，虽然这是完全的利己主义，但并非坏事。我对交易的寻求意味着到处都在降价。我对资本的渴求使我创造出更多、更具创新力的产品，这让每个人都从中获益。我的企业家精神在无形之手出现时就能迅速得到满足。每个人的需求也都得到了满足。

这只无形之手比任何"自上而下"的官员都更了解我们，因为它就是我们。它与时俱进，顺应时尚潮流与需求。它在政治家们听说指尖陀螺之前，就让指尖陀螺充斥了市场。

斯密的观点经常被误解为主张完全不受约束的市场，但这并不属实。他曾说过有几件重要的事情应该永远不受市场力量影响，这包括国防、司法、教育、桥梁这类"公共事业"。这些都不应属于个人的资本利益。有趣的是，如今，其中某类也已经向个人市场开放了。

斯密的著作《国富论》（1776）比人们想象中还要细致入微。虽然资本主义并非斯密一个人促成的，但是他的思想对我们社会的改变远远超越了几乎所有其他人。

托克维尔

关于"保护民主"

　　你是否曾不得不去附和别人的想法？可能全家人在点外卖的时候，你是唯一想吃中餐的人？或者你本想去看皮克斯的动画电影，结果却愤恨地看着《速度与激情4》？如果你一直不能得偿所愿，怎么办？如果你的想法永远不是大多数人的选择，怎么办？

　　这就是身为法国贵族和外交官的亚历西斯·德·托克维尔于1831年去美国度过学业的间隔年时所产生的担忧。一个完全民主的国家怎样才能避免变成一个"多数人的暴政"主导的国家呢？

　　托克维尔已经看见不祥之兆。君主专制和贵族掌权的时代即将结束。横扫欧洲各地的革命明确地反映了这一点。世界正走向民主。因此，他的确认同任何一个书呆子都会对自己的生活感到焦虑这一观点，所以他决定去看一看"民主的本来面貌"——美国！他想亲自去见识一下"它的特征、它的偏见和它的热情，以便从其进步中了解到哪些是我们要害怕或希望的"。我猜他也玩得很开心。

最让托克维尔困扰的问题就是，如何防止聒噪的、占主导地位的大众只为自己的利益做决定，使"人民"的法律凌驾于"人类"的法律之上。

托克维尔视美国为我们现在的所谓资本物质主义的顶端。他将"物质生活所带来怎样的乐趣"视为"一个民族的主导品味"，这也是利润和财富作为社会驱动力的原因。托克维尔担心这些价值观、这种"将人物质化"的驱动力会强加于每个人，包括所有持有不同价值观的少数派。如果对与错取决于大多数人，那么有什么能够阻止价值观的民主化呢？

然而，这种情况并没有在美国发生。选举中的失败者和大量散居海外的少数民族得到了保护。那么，是什么阻止了美国陷入托克维尔在法国看到的那种恐怖和专制呢？

首先，美国人非常热衷于政治活动，从他们所创建的各类团体中就可以看出。院外集团、利益集团、教会、学校董事会、慈善机构……不胜枚举。这些团体使得少数派拥有了统一而响亮的声音，并且将权力分布于全国各地。

其次，美国建立于强大的基督教信仰基础之上。宗教赋予了人们大众物质主义无法给予的价值观。正如托克维尔所说："没有道德就没有自由，而没有信仰就没有道德。"宗教的地位高于政府，并且作为一种个人良心和道德良知约束少数服从多数的统治。

托克维尔的思考对我们今天依旧具有很多指导意义。一个可能存在的问题就是，在一个宗教地位没落的世界，我们该如何阻止物质暴政呢？保护每个人，尤其是少数人的自由和其他权利要依靠个人的价值观。如果我们在社会中无法获得这些价值观，也无法从宗教中获得，那么我们该去哪里寻找呢？

康德

关于"世界和平"

哲学总是被指责，这并不是有失公允的，而是因为有时哲学爱莫能助。

生僻的泛心论、抽象的柏拉图世界观、唯我的贝克莱唯心论，这些都很难成为最有益处奖的候选者。要是哲学能赠予我们一个宏大壮丽的想法就好了。一个能够永远使世界变得更好的想法。如果哲学能给我们带来世界和平呢？

这正是伊曼努尔·康德认为自己所能做的。他撰写的短篇《永久和平论》（1975）一步步勾勒出了一个没有战争的世界。

康德对全球和平的处方是一杯可供阅读（对他自己而

言）的鸡尾酒，混合了人类学、政治学、哲学的理性，是对代表启蒙时代充满希望的乐观主义的完美诠释。他也相当直接地标示出三个"最佳条款"供各国效法。

一、成为共和国。康德将共和国定义为由选举产生的立法机关，在法律面前具有平等性。自从公民创造了法律，这一体系以赞同和一致性为支撑。在此基础上，康德认为没有一个公民会轻易投票支持"迎接战争之祸"或者甘愿忍受"以个人财产承担战争之耗"。只有富有的寡头和独裁者才会发动战争，因为他们总能从战争中获益。

二、形成联邦共和国。这种国家的集合体如同今日的所谓贸易区或互不侵犯的协约区。依靠贸易关系紧密联结的国家彼此不会走向战争冲突。谁会对这种整体心生向往呢？这种形式的联邦不会出于"对国家友谊的狂热盲从"，而是出于自身需求。对康德来说，所有国家都渴望繁荣昌盛。这种诉求将国家引向贸易联邦。这不会导致国家丧失主权与独立，也不会令各国走向意识形态、文化、宗教和语言的单一化。

三、拥抱世界大同。康德相信在最后一次毁灭性战争后，世人将被迫认识到我们对人类负有责任。康德的世界大同主义不是将人类合并为一团乱麻，而是让人类个体互相尊重。如果我们在任何角度上都将他人视为非人的、不可救药的、邪恶的或更糟糕的存在，世界和平将朝不保夕。

20世纪90年代，时逢苏联解体以及福山的"历史终点"理论（详见本书第416～418页）横空出世，康德的观点曾风行一时。康德的观点首先在美国总统伍德罗·威尔逊的发言中有所体现，并且仍盛行于如今的美国。康德的观点在如今的欧盟也体现得很明显，也证明了具有密切贸易伙伴关系的民主联邦鲜少爆发战争。但实现康德的观点的困难之处在于，他的三个最佳条款并非轻松的阶梯，更像是高如山峰的重重屏障。

甘地
关于"非暴力斗争"

　　你是一个"逆来顺受"的人还是一个"以牙还牙"的人？面对一位暴君，你会奋起反抗还是寻求和平解决之道？你是否觉得马丁·路德·金的非暴力斗争是最有效的行为？或许马尔科姆·艾克斯的暴力自卫才是最有效的行为？和平有可能战胜暴力吗？攻击会不会导致更多的攻击？

　　印度反殖民主义者、非暴力不合作运动的倡导者圣雄甘地曾宣称暴力会破坏与之有关的一切。他坚信杀戮和毁灭行为是不利于建立一个稳定的、和平的、崇尚道德的国家的。

　　甘地曾接受印度和西方智慧的双重教育。他的强有力的非暴力防御体系是印度教和基督教的奇特杂合体。甘地

（受托尔斯泰的启发）曾宣称非暴力抵抗是开明的同情心的自然结果。人类总是优先保护自身和直系亲属，其次关心部落、村庄和国家。甘地认为终极阶段将是博爱和对全人类的怜悯，而相互厮杀则与所有人的自然天性相背离。

但是，甘地并不总是被奉为一名彻彻底底的和平主义者，事实上他认为暴力有时是不可避免的。

首先，他宣称为了维护被杀者的利益，杀戮可以是正义的，如我们称为出于慈悲的安乐死。其次，他宣称非暴力更像是一个令人向往的理想目标。他认为有时候我们被双重束缚困住（指非暴力成了更大的邪恶，比如我们不能从暴徒手中拯救一个孩子时）。非暴力被当作缺乏勇气的伪装，就不是高尚的。甘地曾经说"非暴力永远不应该被当作懦夫的挡箭牌"，即逃跑和躲藏并不是非暴力。

在甘地的非暴力理论中，印度教元素体现了辨识不同类型的责任取决于我们所处的环境和关系。我们可能肩负着与政治责任和宗教责任迥然不同的家庭责任。甘地认为非暴力是道德修养中的个人责任。这拓宽了可能性，暴力可以用于维护你的宗教信仰或家庭成员受到威胁的情况。甘地的观点是暴力永远不是正当的，但是可以在出于慈悲或迫不得已时被谅解、被理解。

甘地的非暴力主张远比我们想象的微妙得多，但是他确实目睹了印度人在推翻英国统治时使用了令他不能接受的暴力手段。他主张人无法通过胁迫带来一个更高的理想。暴力永远产生这样的结果："暴力手段将带给人们暴力的自由。"甘地认为，如果一场革命和国家的独立想要高尚和公平，就不能以尸山血海作为根基。

恩格斯
关于"市场竞争的理论"

当两种迥异的文化、想法和理论相遇并擦出火花，之后会发生什么呢？市场竞争理论有利于创建一个乌托邦社会吗？为什么协作会促成好事？

这些疑问将把我们带入辩证法的故事。

德国哲学家黑格尔曾宣扬名为"辩证法"的理论，即具有两种不同世界观的人为寻找共识而进行的论述或对话，而共识或解决方案便在论述或对话时出现的冲突中应运而生。黑格尔思想的继承者弗里德里希·恩格斯则首次以完全实际的词语将其付诸笔墨。黑格尔的叙述表达了一种持续向着某种启蒙式乌托邦前进的世界精神，但恩格斯则关注社会、历史和人类进步。恩格斯坚信人性总是趋向生产和发明的需求。所有的进步都瞄准了某种实际需求。

恩格斯认为包含个体和社会层面的所有进步大都来自人际关系和协作——遍及乡镇集市和顶级大学,可能出现在晚餐饭桌的政治闲聊中,也可能出现在备受关注的国际论坛上。生产效率就来自分享事物的过程中。

当人类发现了不熟悉或有违常理的事物,有时他们会出于迷信而摧毁这种事物,或将其作为"异端"焚毁。但更常见的情况是新旧理念混合、结合,最终创造出前所未有的、令人兴奋的、妙不可言的新事物。

达尔文对进化的研究很大程度上归功于辩证法,而亲代遗传学是辩证法中"第三条路"的伟大例证,因为这种辩证法中的"第三条路"就是两个独立事物相互影响而产生的结果。从历史角度看,大量的飞跃式进步诞生于大规模的文化交流时期,比如摩尔人入侵欧洲,蒙古铁骑横扫欧亚大陆,欧洲人发现新大陆。

我们不难看出恩格斯的成果先后影响了马克思和列宁。确实,恩格斯本人相信普罗大众会因为重视囤积而非合作的"利己主义"而一贫如洗,罪魁祸首就是专制统治、任人唯亲的资本主义和单纯的贪婪。在这种保守的思维模式的影响下,社会进步和发展日渐缓慢。

福山
关于"历史的终点"

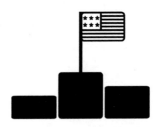

看吧！兄弟，咱们之间真是经历了一场激烈的战斗啊！但是，我们赢了，而你们这些心怀异域意识形态和古怪政治见解的人却一败涂地。别会错了意，你们表现得精彩绝伦。你们几乎靠那个19世纪的名叫马克思的家伙赢了我们。我们险些就让苏维埃抢走了胜利。但是，如同那些绝妙的好莱坞故事，热爱自由和民主的富有的资本家总能笑到最后。他们善于利用贷款，终止所有战争，每个人都能参与社会决策，因为自由民主制成了最后的赢家。

按照美国政治研究者弗朗西斯·福山的说法，这就是当今的国际关系。他断言，自1991年苏联解体，民主制度就已经赢得了这场意识形态之争。依他之言，1991年即历史的终点。

　　福山曾在柏林墙倒下之前就第一次写下上面那句著名的（曾引发争议的）话，但至少他未卜先知，因而他值得得到我们的掌声。他的论点必然是对黑格尔理论的引用，黑格尔认为历史显而易见向着更好、更光明的未来前进，即使不是完美的乌托邦，至少是我们能得到的最好的结果。这个"我们能得到的最好的结果"正是自由民主制度。只有自由民主制度能给我们同时带来繁荣与和平。

　　自由民主制不仅施行于欧洲和北美诸国，也被日本等其他国家争相效仿。自由民主制提供了长久的舒适的生活，也保证了防护和安全。我们无须担心因为一念之差而人头落地，我们能做想做的事，也能说想说的话（在大多数情况下）。我们能支持我们想支持的，而当我们不喜欢某个体系或痛恨利用或滥用权力的恶行时，我们可以发出怨言，也手握着足以改弦更张的选票。还有什么制度能够达到仅仅是接近这种制度的效果呢？还有哪种意识形态能够奉上这杯令人欲罢不能的融合了尊重和安全、自尊和财富的鸡尾酒呢？

　　当然了，这场战斗并不完全如福山预言的已经终结。中国的社会主义制度提供了安全、尊重，以及绝对是中国特色的有节制的自由。某些集权国家，比如北朝鲜和俄罗斯，则继续固执地攥紧权力。更令人不安的是，普遍存在的向民粹主义的转变和自由民主制内部涌动的不安都暗示了某些难以名状或难以察觉的疾患正在令我们所谓获胜的意识形态核心腐败化脓。似乎出了什么问题，但我们尚不自知。

总而言之，福山毫无疑问在诸多方面都是正确的。自由民主制曾经带来了前所未有的财富和安全，远远超过过往岁月的一切制度。但这会是我们盼望的童话结尾吗？会有某个全新的、强大的、更恐怖的势力正为这场历史战斗的第二章摩拳擦掌吗？若果真如此，这一次，鹿死谁手？

致谢
Introduction

任何事物在孤立的情况下都无法得到充分且完整的阐释。每个事物的存在都有着复杂的原因。当然，这本书也并非例外。

我对哲学的热爱源于父母对我的影响。我的母亲罗斯·玛丽让我养成了提问的习惯。我的父亲迈克尔引导我爱上阅读。他们是我所认识的非常有智慧的人。我非常地爱他们。

感谢我的兄弟杰米对我一直以来的支持。感谢沃利、埃莉、肖恩和克洛伊，他们一直陪在我身边和我交流观点，我们经常进行非常深入且愉快的探讨。

我要特别感谢菲利普·马拉班德。我想他还不知道我有多珍重他。他的沉稳冷静、深思熟虑和温文尔雅让我了解到了哲学本身的面貌。

我不敢相信wildfire出版社中那群疯狂的家伙竟然决定将这些文字出版成书，但我会永远感激他们真的这么做了。亚历克斯·克拉克有一个超凡的团队，其中的每一个成员都热情、友好。我要特别感谢我的编辑林赛·戴维斯。她独具慧眼、不辞辛苦地在谷歌搜索上确认日期，以及她假装喜欢我的笑话的能力让我对她感激不尽。

当然，如果没有我的代理人，备受欢迎的查理·布拉泽斯通帮助我打理一切，就不会有这本书。他优秀而真诚，会真心实意地赞美别人，并且让被赞美者信服。

最后，我要感谢我的妻子塔尼娅对这一切的包容，感谢她的善解人意以及对我坚定的支持。她和我的儿子弗雷迪让我重新定义了自己的人生，带给我许许多多以前从未感受的意义和色彩。他们就是我获得这一切的原因。

本书作者

乔尼·汤姆森（Jonny Thomson）

牛津大学哲学教授。曾创立受欢迎的Instagram账号和一个名为Mini Philosophy的网站。致力于从不同方面探索哲学思想，以通俗易懂的方式解读哲学理论，并记录自己和学生日常交流的有趣对话。

译者

申晨

曾留学英国，获爱丁堡大学硕士学位，归国后历任出版社文学编辑、大学英语讲师等职。近年来从事文学翻译与研究，已出版的译著有《公寓》、《带我回家》、丛书《选择你自己的冒险》。